现代汽车智能化技术

——汽车控制系统研究

兰文奎 著

北京理工大学出版社
BEIJING INSTITUTE OF TECHNOLOGY PRESS

版权专有　侵权必究

图书在版编目（CIP）数据

现代汽车智能化技术：汽车控制系统研究 / 兰文奎著. -- 北京：北京理工大学出版社，2022.4
ISBN 978-7-5763-1286-7

Ⅰ.①现…　Ⅱ.①兰…　Ⅲ.①汽车-智能控制-研究　Ⅳ.①U463

中国版本图书馆 CIP 数据核字（2022）第 071247 号

出版发行 /	北京理工大学出版社有限责任公司
社　　址 /	北京市海淀区中关村南大街 5 号
邮　　编 /	100081
电　　话 /	（010）68914775（总编室）
	（010）82562903（教材售后服务热线）
	（010）68944723（其他图书服务热线）
网　　址 /	http：//www.bitpress.com.cn
经　　销 /	全国各地新华书店
印　　刷 /	保定市中画美凯印刷有限公司
开　　本 /	710 毫米×1000 毫米　1/16
印　　张 /	9.25
字　　数 /	170 千字
版　　次 /	2022 年 4 月第 1 版　2022 年 4 月第 1 次印刷
定　　价 /	55.00 元

责任编辑 / 钟　博
文案编辑 / 毛慧佳
责任校对 / 刘亚男
责任印制 / 施胜娟

图书出现印装质量问题，请拨打售后服务热线，本社负责调换

前言

随着电子工业和汽车工业的不断发展,电子技术作为一项基础技术,广泛应用于现代汽车工程领域。同时,电子技术也是变速器、汽车发动机、仪表及制动系统的基础技术。经过进一步的发展与融合,在电子技术的基础上形成了现代汽车电子技术。可以说,今天的汽车已进入电子控制时代,日趋成熟和可靠,并向自动化、智能化的方向发展。

内燃机汽车的发展是现代工业技术重要的成就之一,然而,汽车工业的快速发展和大量汽车的持续使用已经在全世界引起严重的环境和资源问题。空气质量恶化、全球变暖和石油资源缺乏已成为人类必须认真面对的问题。越来越严格的排放和燃油效率标准促进了安全、清洁和高效汽车的快速发展。低污染或零污染绿色汽车的发展,特别是以纯电动汽车、混合动力电动汽车和燃料电池电动汽车为代表的新能源汽车已成为当今汽车工业发展的重要方向。新能源汽车是中国汽车工业发展的重要方向,是中国重要的战略性新兴产业,也是国家未来新的经济增长点。中国的环境保护压力很大,因此,大力发展新能源汽车具有重要的现实意义和战略意义。

本书从汽车产品本身入手,第1章系统阐述控制系统的基本组成及概念、分类、发展和性能要求;第2章探讨汽车智能控制的相关定义和应用;第3章分析汽车发动机控制技术,着重对汽车发动机的电子控制燃油喷射系统、电子点火系统、排放控制系统等进行分析;第4章分析汽车舒适及安全控制技术的原理和各系统的控制逻辑;第5章详细介绍纯电动汽车、混合动力电动汽车、燃料电池电动汽车的基本概念、结构和原理,对电动汽车的储能装置及能量管理系统、电动机驱动系统、充电技术进行了较系统的阐述。

编者在本书编写过程广泛参考了国内外汽车电子技术、汽车控制、新能源汽车及智能化汽车等方面的研究数据，查阅了大量书籍、文献和资料，引用了一些网络资源和参考文献中的部分内容。本书内容新颖、全面、翔实，可供从事汽车研究、设计、使用、维修的技术与管理人员阅读。感谢项目基金——重庆市教育委员会科学技术研究计划项目（项目编号：KJZD-K201803201）的资助和支持。

由于编者水平有限，书中难免存在不妥和疏漏之处，诚恳地期望读者朋友们批评指正。

编　者

CONTENTS

目　录

第1章　汽车控制的基本知识 …………………………………（ 1 ）

1.1　汽车控制系统的基本组成及概念 ……………………（ 2 ）
1.1.1　控制的含义 ………………………………………（ 2 ）
1.1.2　汽车控制系统的基本组成 ………………………（ 2 ）
1.1.3　控制系统的分析、设计及基本术语 ……………（ 3 ）
1.2　控制系统的分类 ………………………………………（ 5 ）
1.3　控制系统的发展 ………………………………………（ 7 ）
1.4　控制系统的性能要求 …………………………………（ 8 ）

第2章　汽车智能控制及应用 …………………………………（ 10 ）

2.1　智能控制的基本概念 …………………………………（ 10 ）
2.1.1　智能控制的认识 …………………………………（ 10 ）
2.1.2　智能控制的类型 …………………………………（ 11 ）
2.1.3　智能控制器的一般结构 …………………………（ 13 ）
2.1.4　汽车智能化 ………………………………………（ 14 ）
2.2　递阶控制及其应用 ……………………………………（ 14 ）
2.2.1　汽车自主驾驶控制系统的组成 …………………（ 15 ）
2.2.2　汽车自主驾驶控制系统的4层递阶结构 ………（ 16 ）
2.2.3　汽车自主驾驶控制系统的软件结构 ……………（ 18 ）
2.3　模糊控制及其应用 ……………………………………（ 19 ）
2.3.1　模糊控制的技术原理 ……………………………（ 19 ）
2.3.2　柴油机怠速模糊控制 ……………………………（ 21 ）
2.4　基于人工神经网络的控制及其应用 …………………（ 22 ）
2.4.1　神经元和人工神经网络 …………………………（ 22 ）

2.4.2　BP 神经网络 ……………………………………………（23）
　　2.4.3　柴油机燃烧系统的优化控制 …………………………（23）

第3章　汽车发动机控制技术 ……………………………………（25）

3.1　电子控制燃油喷射系统 ………………………………………（25）
　　3.1.1　电子控制燃油喷射系统的分类及组成 …………………（25）
　　3.1.2　空气供给系统 ……………………………………………（28）
　　3.1.3　燃油供给系统 ……………………………………………（31）
　　3.1.4　燃油喷射的控制过程 ……………………………………（36）
3.2　微机控制电子点火系统 ………………………………………（41）
　　3.2.1　对点火系统的基本要求 …………………………………（41）
　　3.2.2　微机控制电子点火系统的组成及工作原理 ……………（43）
　　3.2.3　点火提前角与闭合角控制 ………………………………（47）
　　3.2.4　爆燃传感器与爆燃控制 …………………………………（50）
3.3　电子节气门控制系统 …………………………………………（52）
　　3.3.1　电子节气门控制系统概述 ………………………………（52）
　　3.3.2　电子节气门控制系统的工作原理 ………………………（53）
　　3.3.3　电子节气门控制系统的控制策略 ………………………（54）
3.4　排放控制系统 …………………………………………………（56）
　　3.4.1　电子控制 EGR 系统 ……………………………………（56）
　　3.4.2　三元催化转化器与空燃比反馈控制系统 ………………（58）
　　3.4.3　燃油蒸发排放控制系统 …………………………………（61）
　　3.4.4　二次空气喷射系统 ………………………………………（61）
3.5　缸内直接喷射系统 ……………………………………………（61）
　　3.5.1　缸内直接喷射系统的工作原理及特点 …………………（62）
　　3.5.2　缸内直接喷射系统的基本组成 …………………………（67）

第4章　汽车舒适及安全控制技术 ………………………………（74）

4.1　自动泊车系统 …………………………………………………（74）
　　4.1.1　自动泊车系统的主要功能 ………………………………（74）
　　4.1.2　自动泊车系统的工作原理 ………………………………（75）
　　4.1.3　自动泊车系统的特点 ……………………………………（77）
4.2　主动巡航系统 …………………………………………………（78）
　　4.2.1　主动巡航系统的主要功能 ………………………………（78）
　　4.2.2　主动巡航系统的工作原理 ………………………………（78）

4.3 车道保持辅助系统 …………………………………………………（83）
 4.3.1 车道保持辅助系统的主要功能 ……………………………（83）
 4.3.2 车道保持辅助系统的工作状态和工作原理 ………………（83）
 4.3.3 车道保持辅助系统的控制逻辑 ……………………………（85）
4.4 空气悬架系统 …………………………………………………………（89）
 4.4.1 车辆悬架的基本知识 …………………………………………（89）
 4.4.2 带自水平调节机构的空气悬架系统 …………………………（93）
 4.4.3 空气悬架系统的控制逻辑 ……………………………………（102）

第5章 新能源汽车控制技术 …………………………………………（104）

5.1 电动汽车电动机驱动系统 ……………………………………………（104）
 5.1.1 电动汽车电动机驱动系统概述 ………………………………（104）
 5.1.2 直流电动机 ……………………………………………………（105）
 5.1.3 永磁电动机 ……………………………………………………（106）
 5.1.4 异步电动机 ……………………………………………………（110）
 5.1.5 开关磁阻电动机 ………………………………………………（111）
 5.1.6 轮毂电动机 ……………………………………………………（114）
5.2 电动汽车的分类、结构及原理 ………………………………………（116）
 5.2.1 纯电动汽车的概念与种类 ……………………………………（116）
 5.2.2 纯电动汽车的基本结构与关键技术 …………………………（117）
 5.2.3 混合动力电动汽车的概念与分类 ……………………………（123）
 5.2.4 混合动力电动汽车的控制逻辑 ………………………………（127）
 5.2.5 燃料电池电动汽车 ……………………………………………（130）

参考文献 ……………………………………………………………………（136）

第 1 章

汽车控制的基本知识

汽车产业是我国经济发展的支柱产业,同时汽车也是人们生活出行必备的交通工具。汽车的快速发展,得益于汽车控制技术的进步。在汽车上应用控制理论和技术,能够使汽车实现更多功能,使汽车的驾驶更为简单方便、乘坐更为舒适安全,更能使人类以前认为做不到的事情成为现实。

从世界汽车工业的发展状况来看,随着汽车保有量的日益增多,各国均面临着严重的汽车排放污染、能源危机和汽车行驶安全性等问题。面对这些实际问题,传统的汽车技术已无法解决。同时,世界各国针对上述问题出台了一系列相应法规,迫使人们在世界范围内对汽车产品进行技术革新。为了解决汽车的污染、节能和安全等问题,现代汽车广泛采用先进的控制技术,如电控燃油喷射技术、驾驶辅助技术、自动驾驶技术等。新一代无人驾驶、智能网联汽车也随着大数据与人工智能的结合步入了人们的生活。随着人们对汽车舒适性和智能化的不断追求,汽车控制技术将给汽车工业带来划时代的变革。

从汽车技术的现状和发展来看,微电子、计算机、人工智能、网络通信和自动控制的结合是支撑现代汽车发展的基础。它不是简单地对汽车零部件进行控制,而是根据汽车实际使用条件多变的需要,对汽车整体性能进行优化控制,包括研究控制系统的输入、输出,各种控制策略与实现方法,开发高时效性、高可靠性、高精度和低成本的控制器等。

现代汽车控制系统的功能越来越强大,获取的信息越来越多,智能化程度越来越高,可靠性和安全性也越来越高,汽车已由传统的交通工具发展为舒适环保且具有多种功能的"移动空间"。现代汽车控制对提高汽车的舒适性、经济性、安全性、动力性及减少汽车排放污染,都有着十分显著的效果。今后汽车控制将集中围绕以下几个方面发展:

(1) 满足用户需求,大幅度提高汽车性能,使其更加舒适、方便、安全;
(2) 满足社会需求,保护环境,节省能源,节约资源;
(3) 实现交通系统智能化,将汽车和社会有机地连接起来。

1.1 汽车控制系统的基本组成及概念

1.1.1 控制的含义

控制可以被定义为某个主体使某个客体按照一定的目的动作。如一个人驾驶某辆汽车去某个地方就是一种控制。在这种控制方式中人是主体，汽车是客体，去某个地方是目的。一般来说，主体是人的控制称为手动控制（如驾驶汽车），主体是机器的控制称为自动控制（如自动驾驶）。如果主体是人和机器共同组成的，就将其称为半自动控制。

客体的意义非常广泛。一个物体、一套装置、一个物理/化学过程、一个系统等都可以称为客体。例如一个物体，可以是机器人、无人驾驶汽车、高铁等；一套装置，可以是连杆机构、悬挂机构、智能发电机等；一个物理/化学过程，可以是燃烧过程或者流动过程；一个系统，可以是燃油喷射系统、防抱死制动系统。无论何种客体，不论其规模大小，均可表现为控制的专业特点。例如，客体为车辆的控制，称为车辆控制。类似的还有爆燃控制、悬架控制、排放控制等。

1.1.2 汽车控制系统的基本组成

汽车控制系统的基本组成是传感器、控制器和执行器。

(1) 传感器［变换器、测量装置（元件）、测量变送元件、测量变送单元、变送器］。传感器是汽车控制系统的输入装置，用来测量被控量的大小，它把汽车运行中各种工况的信息（速度、转速、加速度、位置、位移、压力、温度、流量、振动、力等）变换成电压、电流、压力、位移等模拟或数字信号后输送到控制器（调节器）。一般要求这些信号的类型与控制器（调节器）的信号的类型一致。

(2) 控制器（调节元件、调节器、控制装置、调节单元）。汽车控制系统的核心为控制器，它接收传感器输入的测量信号，并与系统给定量对比，若测量信号值偏离给定量，控制器将偏差值（偏差信号）按它的大小和方向以一定的控制规律进行处理、计算［如比例（P）、积分（I）、微分（D）等运算］、判断或决策，然后产生新的指令信号输出到各执行器，控制汽车的运行。给定量可以由专门的给定单元取得，也可以由控制器内部设定。在实际控制过程中，处理器是比较元件、放大元件和校正元件组合的总体。

电子控制单元（Electronic Control Unit, ECU）一般是密封的，其内部线路一般不作维修，故又称"黑盒子"。其功能与大脑控制人体行为的运动能力相似，执行一系列车辆控制功能，并与监控车辆的设备交换数据。

在一些处理数据较少的汽车上，只控制车上单一系统的较小控制装置称为电子控制模块（Electronic Control Module，ECM）或电子控制总成（Electronic Control Assembly，ECA）。

许多新型高级轿车上都不只使用一台控制装置，而是使用几台控制装置分别处理一些数据和控制某些系统，有的用一台较大的控制装置集中处理一大批数据，其结果不但输出给几个执行器，还输出给其他较小的控制装置（如ECM、ECA），这种较大的控制装置通常称为主控制装置。

（3）执行器（执行装置、执行单元、执行元件）。执行器是汽车控制系统的输出装置，它将控制装置输出的电信号转换为机械运动和输出（力、角度和位置）。它通过电能、发动机真空、气压或三者之间的组合作用对外做功，推动汽车或发动机的某个装置运动，以完成所需要的控制任务。例如，电子节气门电动机可根据控制装置的指令改变发动机节气门的开度，从而控制发动机的转速。常用的执行器有电磁执行器、流体动力执行器和非传统执行器等。

1.1.3 控制系统的分析、设计及基本术语

1. 控制系统的分析

控制需要解决的两大基本问题是控制系统的分析和控制系统的设计。控制系统的分析是针对现有的系统分析它是否符合工程上要求的性能指标，如超调量、振荡次数、调整时间、稳态误差等。控制系统分析的方法有如下两种：

（1）实验法。在控制系统输入端输入典型信号，例如正弦信号、阶跃信号等，分析系统的输出响应，例如阶跃响应、频率响应等。分析系统响应的特性是否符合所要求的性能指标。

（2）解析法。根据控制系统数学模型的结构和参数，通过一定的计算求出系统的性能，分析其是否符合工程上提出的要求。解析法的前提是能够比较方便且正确地建立控制系统的数学模型，因此解析法比实验法更难。

2. 控制系统的设计

控制系统的设计是根据工程上提出的性能指标设计控制系统及控制器的结构参数，其设计流程如下：

（1）确定性能指标与约束条件；

（2）设计控制方案；

（3）设计控制器的结构和参数；

（4）整定。

3. 控制系统的基本术语

（1）给定元件（给定装置）：主要用于产生输入信号或给定信号。

（2）放大元件（放大变换装置）：对较弱的偏差信号进行放大，以驱动执行元件动作。放大元件根据控制的幅值、形式和功率进行放大变换。放大元件有液压的、机械的及电气的，如各种功率放大器等。

（3）比较元件：用于对比反馈信号与输入信号，产生反映两者差值的偏差信号，如差动放大器、机械差动装置等。

（4）反馈元件（检测元件）：测量输出量与被控量并生成反馈信号，完成后将数据返回输入端。反馈信号可以是输出量本身，也可以是输出量的函数。反馈元件通常是一些用电量来测量非电量的元件，如各种传感器。

（5）执行元件（执行器）：用于驱动被控对象的元件，如步进电动机、电磁阀、液压电动机等。

（6）校正元件（校正装置）：为了改善控制系统动态特性与静态特性而附加的装置。若校正元件串联在控制系统的前向通道中，则这种校正元件称为串联校正元件；若校正元件接成反馈形式，则这种校正元件称为并联校正元件，又称局部反馈校正元件。较简单的校正元件是 RC 有源或无源网络。

（7）被控对象（被调对象）：工作状态或运动规律需要给以控制的对象（装置），它接受控制量并输出被控量，如发动机、自动变速器、ESP 系统等。

（8）被控量：指压力、速度、转速、电流、位移、温度、电压等物理量，它不但是被控对象运行中的参数，也是控制系统需要调节的对象，还是系统对应的输出量。

（9）输入信号（指令信号、参考信号、设定值信号）：输入控制器的外部信号，直接影响系统输出。输入信号主要分为两种类型，分别为扰动信号与控制信号。控制信号也可以称为控制量、参考输入或给定值。

（10）输出信号（输出量、被控量）：控制系统中被控制的物理量（如速度、转速、位移、温度、压力、电压、电流等），是被控对象运行中的参数，也是控制系统需要调节的对象，而且与输入信号有一定的函数关系。

（11）给定量（控制量、输入量、输入信号）：表征被控量的希望运行规律，作用于控制系统的输入端，并作为控制依据的物理量。

（12）反馈信号：经过反馈元件变换处理后加到输入端的信号。若反馈信号的符号与输入信号相同，称为正反馈；反之，称为负反馈。若反馈信号是从系统输出端取出送入系统输入端，这种反馈信号称主反馈信号。主反馈通常采用负反馈，以免系统失控，而其他反馈称为局部反馈。

（13）偏差信号：表示输入信号与主反馈信号之差。

（14）误差信号：系统输出量的实际值与希望值之差。希望值是理想化系统的输出，实际上并不存在，它只能用与输入信号具有一定比例关系的信号来表示。在单位反馈情况下，希望值就是系统的输入信号，误差信号等于偏差信号。

（15）扰动信号（干扰信号、干扰量、扰动量、干扰输入量）：引起被控量偏离预定运行规律的信号，通常对系统的输出产生不利的影响。

（16）控制：通过为设备（被控对象）配置控制器或补偿器来实现。

（17）自动控制：由机器进行的控制，即在没有人直接参与的情况下，控制装置根据预定规则自动改变受控对象的受控量。

（18）自动控制系统：被控对象和控制装置的总体。

（19）控制系统的任务：减少或消除扰动量的影响，使被控对象的被控量总是根据由给定量确定的运行规律改变。

1.2　控制系统的分类

控制系统的种类有很多，分类方法多种多样。例如，按照控制系统是否形成闭合回路可分为开环控制系统和闭环控制系统；按照控制系统主要元件的特性可分为线性控制系统和非线性控制系统；按照传递信号与时间的关系可分为连续控制系统和离散控制系统；按照给定量的特点可分为恒值控制系统、随动系统和程序控制系统；按照控制系统参数随时间的变化情况可分为定常控制系统和时变控制系统。根据不同的分类方法，控制系统的类型可以概括如下。

1. 按控制系统是否形成闭合回路分类

1）开环控制系统（无反馈系统）

控制装置（控制器）和受控对象仅具有单向输出控制而不具有反馈修正的控制系统称为开环控制系统。开环控制系统的控制精度低，易受到外界干扰，但容易实现，成本低。

2）闭环控制系统（反馈控制系统）

控制装置（控制器）和受控对象具有正向和反向联动控制，即形成信号流闭环的控制系统称为闭环控制系统。闭环控制系统的优点是只要电位器的位置固定，电动机就具有一定的速度。无论是电源变化（内扰）还是负载变化（外扰）等扰动引起的转速（被控量）变化，都将使放大器输出发生相应变化，从而自动保持电动机的输出速度恒定，改善控制质量。

复杂的控制系统具有多个被控量，包括多个反馈通道，结构复杂，但反馈控制的基本思想与闭环控制系统相同。

2. 按控制系统主要元件的特性分类

1) 线性控制系统

当控制系统各元件的输入/输出特性具有线性关系，控制系统的动态过程可以用线性微分方程来描述时，称这种系统为线性控制系统。线性控制系统的特点是可以应用叠加原理。

2) 非线性控制系统

当控制系统中含有一个或一个以上的非线性元件时，控制系统就要用非线性方程表来描述。由非线性方程描述的控制系统称为非线性控制系统。在控制系统中典型的非线性特性饱和非线性、死区非线性、继电器特性非线性等。非线性控制系统不能应用叠加原理，而且其动态特性与初始条件有关，而线性控制系统的动态特性则与初始条件无关。

3. 按传递信号是时间的连续函数还是断续函数分类

1) 连续控制系统

若控制系统传递连续性的时间函数信号，该控制系统称为连续控制系统。连续控制系统又常称为模拟量控制系统。目前，市场上出售的大部分控制系统均为连续控制系统。描述连续控制系统的动态方程是微分方程。

2) 离散控制系统

若控制系统在某处或几处传递的信号是脉冲信号或数字信号，该控制系统称为离散控制系统。离散控制系统的主要特点是采用了采样开关，将连续信号转变为离散信号。传递脉冲信号的离散控制系统称为脉冲控制系统，而传递数字信号的离散控制系统则称为采样控制系统或数字控制系统。

4. 按给定量的特点分类

1) 恒值控制系统

恒值控制系统是给定量和输出量都恒定不变的控制系统，如恒压控制系统、恒温控制系统及恒速控制系统等。

2) 随动控制系统

随动控制系统的给定量是事先设定的，要求输出量能准确且迅速随给定量响应，因此，也将其称为同步随动系统。例如，运动目标的自动跟踪系统、卫星跟踪系统和雷达天线控制系统都属于随动控制系统。

3) 程序控制系统

程序控制系统的输入信号可以是时间的函数、空间的函数，也可以是几何图形或者按照某种规律编制的程序等。这些函数、几何图形或者程序等由计算机输出后，作用于程序控制系统的给定输入端，输出量随变化的输入设定值而动作。程序控制系统的输入量可以是常量，也可以是变量。输入量是常量的程序控制系统有恒值控制系统的特征，输入量是变量的程序控制系统有随动控制系统的特征，如程序控制发动机喷油量的系统等。

5. 按控制系统参数随时间的变化情况分类

1) 定常控制系统

定常控制系统的参数不随时间变化，其差分方程或微分方程的系数是常数。线性的定常控制系统称为线性定常控制系统。

2) 时变控制系统

时变控制系统的参数随时间变化，其差分方程或微分方程的系数是时间的函数。

6. 其他分类方法

1) 单变量控制系统和多变量控制系统

控制系统按输入和输出信号的数量划分，可分为单变量控制系统和多变量控制系统。单变量控制系统只有一个输入信号和一个输出信号，并且只有一个反馈回路，因此结构相对简单，更容易分析和设置参数，如电动机速度控制系统。多变量控制系统存在多个输入信号或输出信号，并且可能存在多个闭环，彼此之间存在耦合关系。多变量控制系统的分析和调整是复杂的，如汽车电液协调控制系统、汽车排放化学处理系统、智能车辆控制系统等都是多变量控制系统。

2) 常规控制系统和计算机控制系统

常规控制系统是应用常规模拟量控制器的控制系统，计算机控制系统是应用数字控制器或数字计算机的控制系统。

3) 新型控制系统

计算机技术的应用和发展为现代控制理论提供了广阔的前景。

（1）最优控制系统。使某些规定的性能指标达到最优（如使能量消耗降至最低或者使控制过程时间最短等）的控制系统称为最优控制系统。

（2）自适应控制系统。当受控对象或受控过程的特性受到各种干扰后发生较大变化时，自适应控制系统能自动辨识受控对象变化后的特性，并能自动修正控制器的参数，以保持性能指标最佳和控制品质良好。

随着控制系统向着更高层次的发展，出现了更多新型控制系统，其中包括模糊控制系统、预测控制系统、神经元网络控制系统、学习控制系统及智能控制系统等。

1.3 控制系统的发展

20世纪60年代初，诞生了用于处理高精度系统与复杂性高的多变量系统的现代控制理论。在计算机的迅速发展与普遍应用下，使用计算机设计、分析及实时控制方式,处理非线性、时变、多输出系统及非线性系统的控制问题具有可能性。运用状态空间来描述、分析、设计控制系统,成为现代控制理论的重要标志。现代控制理论由多个分支组成,其中应用最广泛的是自适应控制理论、最优控制理论及鲁棒控制理论等。

现代控制理论以精确的系统数学模型作为分析设计的基础,而实际的控制对象或控制过程往往只有粗略的模型或无法得到模型。有些复杂的系统具有相当高的不确定性复杂性,在运行过程中需要实现控制模式甚至控制策略上的转变,要求熟练的操作技工或专家干预才能得到满意的控制效果。将这些经验知识、判断汇编成计算机可识别的语言,模仿人的思维参与系统控制,则产生了智能控制系统理论。大系统是指规模大、结构复杂、变量众多的信息与控制系统,其涵盖范围广,应用于生产流程、运输流程、环境保护以及计划管理等信息处理与控制领域。智能控制(Intelligent Control,IC)系统是一种信息处理与工程控制系统,可以模仿人的思维模式。计算机技术水平的迅速提高为人工智能的发展和应用提供了有效工具。计算机在逻辑推理、图像处理、知识获取、模糊评估及表达等方面的功能,使其在某些方面达到或超过了人类参与的水平。

控制理论的发展经历了3个阶段,即经典控制理论、现代控制理论及智能控制理论。现代控制理论与智能控制理论不能视为在经典控制理论基础上的简单扩展与延伸。这3种理论在选择的研究方式、数学公式、研究对象及基础理论等方面存在明显差异,但这并不表示它们毫无关系。虽然现代控制理论在方法上更完整,但经典控制理论在控制与分析方面更简单、更有效,也就是说它们是高度互补的。现代科学技术的发展和生产技术的提高,为经典控制理论、现代控制理论和智能控制理论的发展和应用奠定了基础。

1.4 控制系统的性能要求

控制系统的性能要求是准确、经济、稳定、节能、快速、省力。不同的实际过程对控制有不同的要求,每个过程都有自己的特点。因此,存在诸如"稳定控制""无差异控制""节能控制""环境控制"等不同要求。

控制系统的工作状态是否良好、是否能精确地保持被控量按照预定的规律变化,取决于被控对象和控制器及各功能元器件的特性参数是否设计得当。在理想状态下,控制系统的输入等于输出,不存在任何误差,且不会受到任何系统或者环境干扰,但是在实际应用时,控制系统会受到各种因素的影响,通常不可能完全使稳态误差为零。

控制系统除了要满足稳态性能要求之外,还应满足动态性能需求。

控制系统基本性能主要有稳定性、快速性、准确性、适应性（鲁棒性）和经济性。

（1）稳定性：表示控制系统动态过程的振荡倾向及其恢复平衡状态的能力。若控制系统处于稳定运行状态，当输出量偏离平衡状态时，应能随着时间收敛并且回到初始的平衡状态。控制系统的稳定性应根据控制系统的稳定判据判断。对控制系统的最基本的要求是控制系统必须是稳定的，不稳定的控制系统是不能工作的。

（2）快速性：表示当控制系统的输出量与给定的输入量之间产生偏差时，控制系统消除这种偏差的快慢程度。在控制系统稳定的前提下，人们希望控制过程（过渡过程）进行得越快越好。但如果要求控制过程时间很短，可能会使动态偏差较大，合理的设计应兼顾这两方面的要求。

（3）准确性：表示在稳定工作状态下，控制系统输出量的实际值与期望值保持一致的性能。对于一个控制系统，人们要求动态偏差与稳态偏差越小越好。准确性与快速性之间存在矛盾，要二者相互匹配。

（4）适应性（鲁棒性）：适应性要求控制系统能适应控制过程中较大范围的工况变化。工况调整后相应的受控对象特性产生一定变化，因此，在控制器参数设置方面要留有更大空间，以使控制系统的控制品质更佳。

（5）经济性：经济性要求控制系统消耗的能量少、波动小、效率高、成本低和投资省。

由于控制对象的具体情况不同，控制系统对稳定性、快速性、准确性、适应性、经济性这5方面的要求各有侧重，但它们也相互制约；同时，若对它们提出过高的要求，则是无法实现的，例如，提高快速性可能引起强烈振荡；改善了稳定性，控制过程又可能过于迟缓甚至精度变差。因此，在设计控制系统时，应以满足控制要求为原则，正确地分析与平衡这些矛盾。

第 2 章

汽车智能控制及应用

智能汽车是集环境感知、规划决策、多层次驾驶辅助于一体的综合系统,是一个典型的高科技综合体。智能汽车采用了计算机技术、人工智能技术、自动控制技术、现代传感技术、信息通信技术,它不但是目前各国正在开发的智能交通系统的重要组成部分,也是世界汽车工程领域的热点。

2.1 智能控制的基本概念

2.1.1 智能控制的认识

经典控制理论和现代控制理论是建立在被控对象精确模型基础上的控制理论,而实际应用时大部分受控过程或者受控对象存在多种多样的不确定性,其中包括时变、非线性、多层次、变结构及多因素等。即便可以创建部分对象的数学模型,但是创建准确性较高的数学模型难度较高,而复杂性较高的物理模型的设计难度也因此提高,无法达到有效控制的目的。自校正控制理论与自适应理论采用在线方式对一些数学模型不足的受控对象进行识别,但递归算法存在时效性低、复杂性较高等问题,严重阻碍了其使用范围。

随着科学技术的发展,受控对象的复杂性也逐步提高,越来越多的人在控制精度方面提出了更高的要求,导致精度与复杂性之间的矛盾不断增加。经典控制理论似乎无力解决这些矛盾。著名的控制论学者 K. J. Astrom 提出:PID 控制问题无法采用经典控制理论单独处理,而直觉推理具有非常重要的作用。为了获得具有良好性能的自适应控制系统,必须向系统提供直观性更强的判断逻辑。直觉推理无论在高水平控制还是低水平控制中都是重要的。

总而言之,经典控制理论的单纯数学解析结构难以表达和处理有关被控对象的一些不确定信息,不能利用人的经验知识、直接推理及技巧,所以都很难对复杂系统进行有效控制，这就促成了人工智能与自动控制的交叉，即智能控制。

2.1.2 智能控制的类型

1. 递阶智能控制

1972 年，Saidis 提出的递阶智能控制，是当今智能控制的流派之一。他把学习、识别与控制相结合，并遵循"智能递增、精度递减"的原则，将控制系统按智能程度分为 3 级。

（1）硬件控制级（执行级）。作为递阶智能控制系统的最低级，硬件控制级用于控制精确度较高的局部任务，使其所选择的局部性能指标处于最佳状态。

（2）任务协调级。该级通过硬件对各个局部子任务进行控制与协调，它包括一系列协调控制自动决策装置。基于学习算法与性能库，任务协调级制定并列出对应协调决策，以逐渐获得操作过程的最低成本。

（3）组织级。该级作为控制系统的组织者与指挥者，也是阶梯智能控制系统中等级最高的部分，在决策能力、智能性、学习能力及识别能力等方面最强，可以实现分解总体任务、解释随机输入语言指令、组织系统总体任务及有效识别系统控制状态等目标。该级基于过程反馈信息与语言指令选择合理控制模式完成任务，常见的解决方案为基于语句的决策机与翻译机。

这种结构有其基础和背景，并受到人类中枢神经系统等级结构的启发和引导。显然，这种结构符合复杂系统的分级控制要求，从最低控制水平到协调和组织水平，对智能的要求逐步提高。递阶智能控制系统的智能主要体现在高层次上。

高层次的问题往往是不确定的，因此，在这个层次使用知识型组织器是恰到好处的。基于知识的组织器有助于定性信息的处理和人类直觉推理逻辑及经验的使用，因此，递阶智能控制系统的工作原理可以从两个维度进行理解。从横向维度看，复杂系统被分解为多个互连的子系统，并且每个子系统都单独配置了控制器，有利于直接控制并大大简化复杂问题；从纵向维度看，控制整个复杂系统知识量或智能程度从低到高分解，为处理复杂问题带来了便利。协调器充当中间链路，用于解决由互连引起的各个子系统之间的冲突，这样，递阶智能控制系统可以在最高级组织者的统一组织下实现对复杂系统的最优控制。

2. 专家控制

专家控制系统是专家系统和实时控制系统相结合的产物，它是基于控制专家的专业知识和熟练操作工人的实践经验而设计的控制系统。专家控制系统不同于一般的专家系统，它具有长期运行的连续性、在线控制的实时性及运行的高度可靠性等特点。

专家控制器是对专家控制系统的一种简化，该设备的结构复杂程度低，易于推广。

20世纪70年代末，受专家系统迅速发展的影响，人们对基于专家系统设计方法的智能控制（专家控制）的研究逐渐活跃起来。在控制理论的实践中，人们认识到，对于许多实际问题，由于过程的非线性、不确定性等复杂因素，难以采用数学解析的方法进行系统的建模、分析、综合，而在这种情况下，由直观的过程行为知识即启发式知识进行控制往往是行之有效的，这就引起人们对专家控制的极大兴趣。人工智能中的产生式系统为描述这些信息处理和控制决策提供了一个有效的工具。专家控制的基本思想是形式化系统的输入和输出，即把该系统专家的经验、技能、操作思想知识化，然后模仿专家的行为来实现系统的控制。

1986年，Astrom等人提出典型的基于规则的专家系统，用来作为实现专家控制系统的核心。其由4个基本要素组成：系统数据库、推理机、用户接口及自适应调节器。自适应调节器由以下3个平行部分组成：规则基专家系统、算法库（包括控制算法、辨识算法和监督算法）、人机通信。该控制方案将传递的控制算法与专家系统技术、数值计算与符号处理有机地结合起来，能根据过程的特性变化自动选择合适的控制规律来调整控制器的参数，因此被视为可以有效地控制复杂系统。

3. 模糊控制

自从1965年Zadeh创建模糊集合论以来，模糊数学以前所未有的速度迅速成长，并形成了一系列的基础理论，如模糊集合、模糊关系、模糊变换、模糊图论、模糊语言、模糊逻辑等。由于人类的一些高级智能（如学习、识别、分类、推理、诊断、控制等）都具有一个显著的特点，即模糊性，因此，模糊数学便自然地成为研究智能科学的一个有力工具，在人工智能领域获得了广泛的应用。同样，基于模糊数学而发展起来的模糊控制也受到了自动控制界的广泛重视，成为智能控制的重要分支之一。

模糊控制策略主要来自过程操作员的经验，经过简化后形成模糊规则，可以通过模糊推理与模糊关系得到相应的控制决策。

4. 学习控制

学习控制是智能控制中较早的研究领域之一，关于学习和学习控制的概念早在20世纪60年代就已提出。在过去的几十年中，学习控制已应用于动态系统的研究。"学习"是人类和计算机学习及获取知识、技能和技术的一种术语。由于不同背景的人对"学习"有不同的看法，因此，到目前为止对"学习"还没有统一的定义。学习是人类的主要能力之一。学习在人类的进化过程中发挥了重要作用，而学习控制实际上是对模拟人类良好的调节控制技能的尝试。学习控制的机制有以下几方面内容：

(1) 寻找并求得动态控制系统输入与输出间的比较简单的关系;
(2) 执行每个由前一步控制过程的学习结果更新了的控制过程;
(3) 改善每个控制过程, 使其性能优于前一个过程。

反复执行学习过程并记录整个学习过程的结果, 可以逐步提高控制系统的性能。

5. 基于人工神经网络的控制

从微观上模拟人脑的结构和功能, 从研究和模拟人的神经网络的结构功能, 传递、处理和控制信息的机理出发而设计的控制系统, 统称为基于人工神经网络(Artificial Neutral Network, ANN)的控制系统。毫无疑问, 基于人工神经网络的控制系统是当前智能控制系统的高级形式。

20世纪80年代初期, 首次出现人工神经网络的概念, 该概念由美国科学家霍普菲尔德提出, 它是通过深入分析人脑神经关键结构与生理特征后提出的神经网络能量函数与神经网络模型。从那时起, 各国学者已经开始研究人工神经网络, 且在自动控制、模式识别、故障诊断、图像处理和优化计算等许多领域都取得了很大进展。尽管基于人工神经网络的控制能力还比较有限, 但是由于具有学习能力、记忆能力、概括能力、并行处理能力、容错能力和适用于VLSI制造的特性, 仍然有许多基于人工神经网络的控制器被设计出来。这种类型的控制器称为神经网络控制器, 它具有运行速度快、并行处理能力强、适应能力强、适用范围广及鲁棒性强等特点, 未来发展前景广阔。

2.1.3 智能控制器的一般结构

智能控制器具有以下特点:

(1) 采用以微积分和技术应用语言表示的混合系统方法, 或以仿生、仿人算法表示的系统方法;

(2) 采用不精确的和不完全的装置分层 (级) 模型;

(3) 含有由多传感器传递的分级和不完全的外系统知识, 并在学习过程中不断辨识、整理和更新;

(4) 把任务协商作为控制系统及控制过程的一部分来考虑。

目前, 人们已经开发了许多用于特定控制系统的智能控制理论和技术, 如分层控制理论、递阶控制器设计的熵方法, 以及智能逐级增高而精度逐级降低的原理等。人们通过这些应用实例取得不少具有潜在应用前景的成果, 如群控理论、模糊理论和系统理论。许多控制理论研究都是针对控制系统应用的, 如自学习和自组织系统、人工神经网络、基于知识的系统、语言学和认知控制器等。

2.1.4 汽车智能化

汽车智能控制系统是一种高度安全的系统，它通过车载信息设备实现外部综合感知，同时与外界交换信息，在辨识道路车辆运行四维环境的基础上，实现车辆安全智能驾驶。车载信息技术是无线电技术与微处理器技术的融合，即利用计算机和卫星通信等信息技术实现智能汽车驾驶、互联网在线登录、交通信息实时查询。电子信息技术的应用使车辆智能化程度提高，大大增强了车辆人机系统的安全性，降低了事故发生的概率。汽车智能控制系统可以分为环境识别子系统、状态判断子系统和车辆控制子系统等。

汽车智能控制系统涉及众多高科技载体，包括传感器、数据库、图像处理、模糊控制、人工神经网络控制、变系数 PID 控制、车辆预览理论、车辆动力学、现代控制理论、车辆控制原理、计算机通信、信息交换、虚拟现实、数据处理算法和各种编程语言技术等，系统采用计算机、现代传感器、信息融合、通信、人工智能和自动控制等技术驱动人员和车辆，以提供及时和准确的安全保护措施。汽车智能控制系统可实现自动障碍物识别、危险预警、视觉强化、纵向避碰、横向避碰、避免交叉碰撞、自动制动、自动安全距离控制、车速和巡航控制。在复杂的路况下，通过汽车智能控制系统，车辆可以进行自动操纵和驱动以绕过障碍物并沿预定道路行进。

汽车智能控制系统是一种实现人、车、路一体化的高科技综合体，主要由计算机处理系统、摄像机和一些传感器组成。其中，摄像机用于获取道路图像信息，车速传感器用于获取当前车速，障碍物传感器用于获取车辆前、后障碍物信息。

2.2 递阶控制及其应用

递阶控制又称递阶智能控制，是在研究早期学习控制系统的基础上，是从工程控制论的角度总结人工智能与自适应控制、自学习控制和自组织控制的关系之后逐渐形成的，是最早的智能控制理论之一。至今已经有几种递阶控制系统出现。有一种是由 Saidis 提出的基于 3 个控制层次和 IPDI（精度随智能的降低而提高）的三级分层智能控制系统；还有一种是 Villa 提出的基于知识描述和数学分析的双层混合智能控制系统。这两个系统的控制理论在某些方面有着密切的关系。此外，还有一种递阶控制系统，其采用四层分层控制结构和三段六级分层控制结构；前者用于汽车自动驾驶控制系统，后者用于复式自主水下运载器（Multiple Autonomous Underwater Vehicle，MAUV）和飞行机器人的控制系统。

2.2.1 汽车自主驾驶控制系统的组成

1. 汽车自主驾驶控制系统总体结构

汽车自主驾驶控制系统包括环境识别子系统和驾驶控制子系统。

1）环境识别子系统

环境识别子系统包括道路标线识别子系统和前车识别子系统。

（1）道路标线识别子系统的性能如下：

① 可以实时识别当前及左、右共 3 条车道线并实时输出处理结果；

② 对车道上非标志线的标志及车辆干扰具有免疫力；

③ 较好地解决了对车体振动和光照变化的适应性问题。

（2）前车识别子系统的性能如下：

① 可以实时识别前方行驶车辆的距离和相对速度；

② 适应性与抗干扰性更强。

2）驾驶控制子系统

组成驾驶控制子系统的重要模块有行为规划模块、行为决策模块及操作控制模块等。

驾驶控制子系统的主要性能如下：

（1）对被控制对象的非线性、环境的严重不确定性具有很好的适应能力；

（2）可以满足系统在实时性方面的需求；

（3）方向及速度跟踪精度高；

（4）包含系统监控模块，具有在线监控系统运行状态、应急处理及预警等功能。

2. 汽车自主驾驶控制系统的硬件设备

汽车自主驾驶控制系统的硬件设备包括主控计算机、执行器和传感器。

1）主控计算机

选择高性能微处理器作为主控计算机，负责进行驾驶控制（驾驶控制计算机）和环境识别（环境识别计算机）。环境识别计算机和通用 Fireware 接口板、图形显示卡组成环境处理平台，处理来自摄像机的视觉图像，为汽车自主驾驶控制系统提供环境感知信息。

驾驶控制计算机配备标准化工业 I/O 接口板，驾驶控制系统的接口类型主要包括 D/A 转换器、不同类型的运动控制卡、A/D 转换器、输入设备、计数器及输出设备等。

2）执行器

从汽车不同操纵机构的特性出发，分别设计并采用了步进电动机驱动和液压驱动两种执行器。

3）传感器

汽车自主驾驶控制系统中安装的传感器主要有车体姿态传感器、环境传感器及自动驾驶执行部件传感器。传感器信号经预处理板放大与过滤后，经过计算机接口板到达对应处理机。

3. 嵌入式实时操作系统

嵌入式实时操作系统可以保证系统运行的可靠性与实时性，其主要优势与特征有以下5个：

（1）采用基于计算机的开发环境，可简化嵌入式开发流程；

（2）具有实时多任务操作系统内核，可以保证系统运行过程中的实时性；

（3）可重配置与裁剪操作系统结构，精确化目标代码，迅速提高运行效率；

（4）可提高各个任务间的通信速度，简化通信流程；

（5）可协调并支持多处理器间的通信与任务。

4. 软件设计与系统的实时性

高性能的软/硬件系统为系统的实时性提供了基本保证。多任务程序设计思想使系统能够对外部事件作出及时的反应。汽车自主驾驶控制系统的软件系统具有以下显著特点：

（1）任务优先级设置与抢断式任务调度。设计软件时，根据任务的相互关系给任务赋予了不同的优先级，必要时还可由有关的任务对其他任务的优先级进行调整，高优先级的任务能抢断正在执行的低优先级的任务，以保证系统能对各种重要的外部事件作出及时的反应。

（2）基于系统时钟的软件同步机制。系统的每个数据或事件都在第一时间被打上时间标记，以进行信号同步。

（3）分布式共享数据存储。系统中由各处理器共享的数据采用分布式存储结构，以避免集中式存储带来的通信带宽限制。

2.2.2　汽车自主驾驶控制系统的4层递阶结构

基于任务层次分解，人们提出了4层模块化汽车自主驾驶控制系统的结构，依次是任务规划层、行为决策层、行为规划层以及操作控制层。汽车除此以外，自主驾驶控制系统还具有车辆状态与定位信息模块、系统监控模块两个独立功能模块。

汽车自主驾驶控制系统的4个层次以反应控制系统（Reaction Control System，RCS）结构的方式划分，分别负责不同的任务，从上到下任务规模依次递减。其中，任务规划层进行从任务到子任务的映射，行为决策层进行从子任务到行为的映射，行为规划层进行从行为到规划轨迹的映射，操作控制层进行从规划轨迹到车辆动作的映射。

汽车自主驾驶控制系统的各个层均存在差异，表现为空间范围、时间跨度、逻辑推理、周围环境数据以及控制目标责任等方面。

系统监控模块属于独立模块，其职责是监督系统运行状态并收集系统运行数据，在必要情况下需要重新调节系统参数。

车辆状态与定位信息模块的职责是生成定位数据与车辆行驶状态，提供给系统各层作决策控制之用。

1. 操作控制层

操作控制层将来自行为规划层的计划轨迹转换为各种执行器的动作，并控制各种执行器执行相应运动。它是汽车自动驾驶控制系统中等级最低的层，其构成部分主要有逻辑推理算法与传统控制器，还具有方向控制器、车速控制器、制动控制器、节气门控制器、信号/扬声器控制逻辑以及转向控制器。

操作控制层的输入由行为规划层产生的车辆纵向速度序列、车辆路径点、车辆状态、车辆转换信息及车辆相对位置信息等组成。操作控制层处理上述信息并形成车辆执行器运行动作，以毫秒（ms）为单位，以周期性方式使车辆按照计划目标移动并控制运动路径。

2. 行为规划层

行为规划层作为连接操作控制层与行为决策层的接口，其功能是转换行为决策层产生的行为符号结果，让操作控制层的传统控制器能识别轨道命令。行为规划层的输入是车辆状态信息、行为指令和环境感知系统提供的可通行路面信息。行为规划层内部包括行为执行监督模块、车辆纵向控制规划模块和车辆期望轨迹规划模块等。

当车辆行为发生改变或可通行路面信息处理结果更新时，行为规划层各模块被激活，监督当前行为的执行情况，并根据环境感知信息和车辆当前状态重新进行行为规划，为操作控制层提供车辆期望速度和期望运动轨迹等指令。另外，行为规划层还向行为决策层反馈行为的执行情况。

行为执行监督模块综合环境感知信息、车辆状态信息和行为决策层的决策结果，确定行为转换时机，并形成行为执行情况反馈，如行为完成比例。

车辆纵向控制规划模块根据当前执行的行为、车辆当前状态、预期行车速度，利用驾驶技能和有关交通规则知识，规划车辆在下一个规划周期前的纵向控制目标，包括与障碍的预期位置、预期速度及预期加速度等，以供操作控制层在下一个规划周期中执行。

车辆期望轨迹规划模块根据当前执行行为、车辆当前状态及环境感知信息获得道路和障碍信息，结合车辆动力学特性和驾驶知识及交通规则，规划车辆在下一个时间段内所应经过的路径点序列,作为操作控制层路径跟踪模块的输入。行为规划层应能对行为决策层产生的各种行为作出合理规划。

3. 行为决策层

车辆行为主要有起动、加速、停车、恒速运行、倒车、前进、右转、左转及避开障碍物等。自主车辆环境感知系统获取周围环境数据并经过分析后选择出符合要求的行为。

影响自主行为决策的因素有道路情况、交通情况、交通信号、任务对安全性和效率的要求、任务目的等。如何综合上述各种因素从而高效地进行行为决策是行为决策层的研究重点。

对行为模式按车辆当前运行环境的结构特征、交通密度等对运行环境进行分类,产生当前条件下的可用行为集及转换关系。这是行为决策的重要依据,如在城市公路上应注意交通信号、行人等,而高速公路上没有交通信号,因此这两种情况下的行为集是不同的。预期状态是由当前执行子任务决定的,如对车速的预期、对车辆安全性的预期等。环境建模及预测根据环境感知系统的感知信息,对影响行为决策的一些关键环境特征进行建模,并对其发展趋势进行预测。

行为决策逻辑是行为决策层的核心,其综合各类信息,最后向任务规划层发出行为指令。具有一个好的行为决策逻辑是提高系统自主性的必然要求。

4. 任务规划层

汽车自主驾驶控制系统中等级最高层的为任务规划层,其智能化程度也最高。

任务规划层接收来自用户的任务请求,利用地图数据库,综合分析交通流量、路面情况等影响行车的有关因素,在已知道路网中搜索满足任务要求的从当前点到目标点的最优或次优通路。通路通常由一系列子任务组成,如沿A公路行至X点,转入B公路,行至Y点等。同时,规划通路上各子任务的完成时间,以及子任务对效率和安全性的要求等。规划结果交由任务监控模块监督执行。

任务监控模块基于车辆定位系统与环境感知系统获取反馈信息,得到当前要准确执行的所有子任务;同时,对下级任务执行情况进行有效监督与控制。子任务执行遇到障碍后,由任务规划模块制定新的任务计划。

2.2.3 汽车自主驾驶控制系统的软件结构

基于现代化技术开发出操作控制层、行为规划层及行为决策层软件,其中,操作控制层由多个软件模块组成,即节气门伺服控制模块、方向伺服控制模块、制动伺服控制模块、速度跟踪控制模块及其他控制模块。行为规划层由行为规划模块与车道信息过滤处理和接收模块组成。行为决策层包含车辆行为决策模块、车辆感知信息处理模块及车辆行为控制模块。车辆状态感知和车辆定位模块分为感测车辆状态处理模块、车辆定位与车辆姿态预测模块两个子模块。系统监控模块包含系统状态监控模块、用户接口信息处理模块与控制及运行信息存储管理模块3个子模块。各模块与驾驶控制软件内的任务相互对应，由此可以将驾驶控制软件内的任务划分为16个，通过信号量协调控制并安排任务。所有共享的数据均放入对所有任务透明的数据存储区，用信号量和时钟实现对公用数据的访问控制，以防止在存取过程中由于任务切换而产生的数据不一致问题。

2.3 模糊控制及其应用

2.3.1 模糊控制的技术原理

模糊控制是以模糊集合论、模糊语言变量及模糊逻辑推理为基础的一种计算机数字控制。从线性控制与非线性控制的角度分类，模糊控制是一种非线性控制；从控制器的智能性看，模糊控制属于智能控制的范畴，而且它已成为实现智能控制的一种重要而有效的方式。

1. 模糊控制系统的组成

模糊控制作为计算机数字控制的一种形式，与传统数字控制方式有一定相似之处。模糊控制系统有5个重要组成部分。

（1）模糊控制器。模糊控制器的本质为微型计算机，从控制系统的需求出发选择使用单片机或者系统机。根据被控对象的不同，以及对系统静态、动态特性的要求和所应用控制规则的不同，可以组成各种类型的模糊控制器。在模糊控制理论中，采用基于模糊控制知识和推理规则的语言型模糊控制器，是模糊控制系统与其他控制系统的区别。

（2）I/O接口设备。模糊控制器利用I/O接口获得来自受控对象的数字信号，同时，将获得的数字信号转换成为模拟信号发送给执行器，实现对受控对象的有效控制。I/O接口设备内的转换方式分为3种，分别是A/D转换、电平转换及D/A转换。

（3）执行机构。执行机构包括各种步进电动机、伺服电动机、交直流电动机、液压电动机、气动调节阀及液压缸等。

（4）被控对象。被控对象可以是一种设备或装置以及它们的群体，也可以是一个自然的或非自然的各种状态转移过程。被控对象可以是确定的或模糊的，也可以是线性的或非线性的、定常的或时变的，同时存在具有强耦合和干扰等多种情况。对于那些难以建立精确数学模型的复杂对象，适宜采用模糊控制。

(5) 传感器。传感器用于将被控对象或各种过程的被控量转换为电信号。被控量是指非电量类型的变量，包括温度、速度、压力、加速度、浓度、流量、湿度及浓度等。模糊控制系统中传感器起到关键作用，传感器的准确性对模糊控制系统的精确度产生直接影响。由此可见，传感器是十分重要的，购买传感器时，应以稳定性高、精确度高的传感器为首选。

2. 模糊控制的基本原理

模糊控制系统最重要的部分为模糊控制器。模糊控制器的控制规律由计算机程序实现，计算机通过采样获取被控量的精确值，再将此值与给定量比较得到误差信号 E。一般误差信号 E 作为模糊控制器的一个输入量。把误差信号 E 的精确量进行模糊量化，变为模糊量，误差信号 E 的模糊量可用相应的模糊语言表示。至此，得到了误差信号 E 的模糊语言集合的一个子集 e，再由 e 和模糊控制规则 R 根据推理的合成规则进行模糊决策，得到模糊量 u 为

$$u = e \circ R$$

式中，u 为模糊量；合成运算符 $\circ$ 表示模糊矩阵的乘法运算，与普通矩阵乘法运算的步骤基本相同，差别在于将两数相乘改为"取小"，将两数相加改为"取大"。

为了精确控制被控对象，还需要将模糊量 u 转换为精确量。采用 D/A 转换方式转换已获取的准确数字量为模拟量。首先，由被控对象与执行器两者共同控制；其次，中断等待第二次采样，进行第 2 步控制，不断循环操作，最终达到模糊控制被控对象的目的。

3. 模糊控制器的结构设计

模糊控制器采用的控制规则是在模糊条件语句的基础上对语言控制规则加以描述，在此，也可以称其为模糊语言控制器。

模糊控制器设计的具体内容如下：

(1) 确定模糊控制器的输入变量和输出变量（即控制量）；

(2) 设计模糊控制器的控制规则；

(3) 进行模糊化和去模糊化；

(4) 选择模糊控制器的输入变量及输出变量的论域并确定模糊控制器的参数，如比例因子、量化因子等；

(5) 编制模糊控制算法的应用程序；

(6) 合理选择模糊控制算法的采样时间。

模糊控制器结构设计的本质是确定准确的模糊控制器输入/输出变量。究竟选择哪些变量作为模糊控制器的输入/输出变量，还要深入考虑，因为模糊控制器的控制规则归根到底都是模拟人脑的思维决策方式的。

确定性自动控制系统内包含一个输出变量与一个输入变量的称为单变量控制系统，简称 SISO 系统；输入变量与输出变量数量较多的称为多变量控制系统，简称 MIMO 系统。对于模糊控制系统，也可以定义成多变量模糊控制系统与单变量模糊控制系统。

一般情况下，一维模糊控制器在一阶受控对象中应用，一维模糊控制器输入变量时只能使用其中一个误差，因此，相应的动态控制性能较差，在市场上的应用范围受到一定限制。二维模糊控制器的输入变量分为误差与误差变化两种，设置输出变量为控制量。

通常模糊控制器的大小与控制精度成正比，然而，在尺寸较大的情况下，控制规则的复杂性较高，相应的控制算法在运行时难度增加，因此，二维模糊控制器成为设计与应用的首选。

模糊控制器的输出变量在部分状态下采用两种方式输出——若误差值为"大"，输出时选择绝对控制量方式；若误差值为"小"或者"中"，则以控制量的增量为输出变量。尽管这种模糊控制器的结构及控制算法都比较复杂，但可以获得较好的上升特性，模糊控制器的动态品质更高。

2.3.2 柴油机怠速模糊控制

按美国联邦实验程序（FTP）循环，当环境温度为 25 ℃时，柴油机起动后 200 s 内的排放量占总排放量的大部分。

柴油机怠速运行时喷油量小，喷油压力低，雾化效果差，各缸和各循环间的不均匀性增大；整机温度偏低，机械摩擦损失和泵气损失较大，运行状态容易受外界因素干扰。作为控制系统，其时变性、非线性、不确定性比常规工况时更加显著，为数学模型的确定带来相当多的困难，模糊控制的应用则提供了一条新的技术途径。

模糊控制是通过对人脑功能和控制行为的模拟，从领域专家的控制经验、决策行为和各种推理机制出发而进行设计的，然后，在实际系统中不断调整，逐步完善。在已有的电子控制喷油系统中加入怠速模糊控制，可以实现改善怠速稳定性的目的。

1. 采样信息获取过程的模糊测度

首先，控制系统通过信息采集系统获得柴油机的转速、燃油温度、增压压力、进气管空气温度、喷油量、冷却水温度信息，但柴油机作为一种复杂的动力机械，其研究工作仍有一些未知领域，要对特征参数作出精确定量分析是非常困难的；再加上道路、负荷和环境的变化，以及信息获取过程中各种偶然因素的影响，采集到的信息具有某些不确定性。为此，采用模糊测度的方法来解决采样信息获取过程中的不确定性问题。

基于模糊集理论，采样信息的不确定性由隶属度函数来表示。领域中的专家往往凭借长时间积累的经验和大量的试验来获得隶属度函数，并把领域专家极重要的先验信息融入其中。在实际研究中，往往根据情况提出要求，然后确定一个满足诸要求且最简单的函数作为隶属度函数。提出的要求如下：由于采样信息混有噪声、采样手段与装置的误差及外界环境干扰等因素，对较弱的采样值波动采取不敏感的态度，对其进行弱化；当采样值较大足以淹没噪声时，应采取较敏感的态度，且随着采样值的增大敏感度提高，以达到强化目的。

当采样值信息经过模糊测度后，依据其隶属度值，通过判决器来判定。若该信息是可靠的，则由转换开关来决定是输入模糊怠速控制器还是输入 PI 调节器，以便完成对柴油机不同状态的控制。上述过程是通过采样电路的设计和控制程序的编制来实现的。

2. 模糊怠速控制器的实现

当柴油机处于怠速工况时，控制系统采用模糊怠速控制。通过控制系统体现领域专家用自然语言所描述的控制规则，即根据领域专家总结出的控制规则及系统的性能指标来设计模糊怠速控制器。

经过模糊测度的采样信息，输入模糊怠速控制器。模糊怠速控制器一般完成以下工作：

（1）计算实时采样值偏差和偏差变化率；
（2）将偏差和偏差变化率转换为模糊量；
（3）根据模糊算法，通过控制规则计算模糊控制量；
（4）执行模糊决策以获得精确控制量。

通常，上述工作过程被制成模糊控制表。模糊控制表由采样值偏差、偏差变化率和精确控制量组成。在实时控制中，计算机通过获取采样值来计算采样值偏差和偏差变化率，再到事先存入的控制表中查找相应的精确控制量。

2.4　基于人工神经网络的控制及其应用

2.4.1　神经元和人工神经网络

神经元是组成人脑的基本单位。神经元有细胞体、轴突及树突等部分。轴突是从细胞体伸出的最长的一个分支，也称为神经纤维，用来传递神经冲动信号。轴突末端有小的分支，称为轴突末梢，是信号输出端子，它将神经冲动传向其他神经元。从细胞体伸出许多较短的分支，叫作树突，用来接收其他神经元传来的信号，相当于神经元的输入端。神经冲动在神经元中的传输具有单向性，只能由上一级神经元的轴突末梢传向下一级神经元的树突或细胞体。神经元只有两个常规工作状态：兴奋和抑制。传入神经元的冲动信号使细胞体的细胞膜电位升高，超过阈值时，神经元进入兴奋状态，产生神经冲动，并由轴突输出。如果没有神经冲动传入，或者有神经冲动传入但不能使细胞膜的电位升高到阈值以上，神经元便处于抑制状态，没有神经冲动输出。

将多个神经元并联，可组成神经元层；将多个神经元层连接，可组成多层神经元网络。人工神经网络是一种高级且复杂的非线性系统，适用于处理难以用数学模型描述的过程或系统，由于其强大的自学习和自组织能力以及并行处理和分布式存储信息功能，在智能控制中得到了迅速推广和应用。

确定人工神经网络的基本模型后，便可根据不同问题研究不同的网络稳定和收敛条件，得到不同的网络类型，如反向传播（Back Propagation，BP）网络、径向基函数（Radial Basis Function，RBF）网络等。选取适当的神经元，对各种非线性网络进行逼近。

2.4.2 BP 神经网络

目前，人工神经网络模型已有近 50 种，Rumd-Hart 等人提出的 BP 神经网络是应用最广泛、自学能力较强的一种模型。

BP 神经网络由输入节点、中间层节点、输出节点和前向相互连接而成。输入节点和输出节点的数量由实际问题决定，中间层的层数和中间层节点数取决于问题的复杂性和分析的准确性。

2.4.3 柴油机燃烧系统的优化控制

随着国内外对能源短缺和环境污染问题的日益关切，燃油消耗率和排气烟度越来越受到人们的重视。下面介绍人工神经网络在载重车柴油机燃烧系统方案优化控制中的应用，以期降低油耗和排气烟度，从而获得良好的经济效益和社会效益。

1. 柴油机燃烧系统的分析

柴油机燃烧系统由燃烧室、进气系统和喷油系统三大部分组成。这三大部分作为一个相互关联、相互制约的整体参与燃烧过程，因此，孤立地研究任何一部分都无法使柴油机燃烧系统的性能达到最佳状态。柴油机燃烧系统优化问题就是要找出喷油嘴耗油量和排气烟度相对应的各输入因素（燃烧室、供油提前角、喷油嘴、喷油压力、进气值和柱塞直径）间的最佳匹配关系。

2. 训练样本的获取

在人工神经网络计算中,通过学习确定权值矩阵行之有效。学习的方法可分为两大类:有导师学习和无导师学习。有导师学习也称为监督学习,在学习过程中需要组织一批正确的输入、输出数据对,将输入数据加载到网络输入端,得到网络的实际输出并与输出的期望值相比较获取误差,再根据误差修改连接权值,使人工神经网络朝正确的响应方向不断变化,直到实际响应的输出与期望输出之差不超出允许的值为止。这种学习算法称为误差修正算法,BP 算法是其代表。

在计算中,采用一组正确的输入、输出数据对,用来训练人工神经网络,称为训练样本。对于工程系统如柴油机、汽油机、车辆、机电装置等,其结构复杂,控制参数较多,工作环境变化大,用机理模型分析性能和控制特性难度很大。通过试验和测量,获取正确的、有代表性的控制参数输入、输出值,作为训练样本,输入人工神经网络,修正权值矩阵,使其响应速度和精度达到预定要求。再用训练过的人工神经网络研究系统隐含的控制规律和控制特性,预测参数、工况、环境变化对系统的影响,以充分发挥人工神经网络的优势,达到综合优化的效果。

为了使训练 BP 神经网络的样本具有代表性,要对柴油机进行正交试验。试验后整理试验数据,得到训练样本。

3. 变量选择

进气道形状是类别变量。喷油嘴(孔数×孔径)和柱塞直径因受标准件限制,尺寸不可任意选择,故事实上它们也是类别变量。虽然供油提前角和喷油压力本质上是连续函数,但考虑到一些实际因素(例如,喷油压力过低,经济性、动力性变坏;喷油压力过高,受部件能力的限制;供油提前角对燃烧情况及油耗等有很大影响,不可过大或过小),也一并视为类别变量。

由于输出参数扭矩点油耗与排气烟度均为连续的实数,因此,输出层神经元采用线性转移函数。隐层转移函数为单极性 Sigmoid 函数。

对于 BP 神经网络,由于不同的输入模式可以获得相同的输出,因此,对于给定的输出模式(优化目标),不能要求仅有唯一的输入模式。由于输入的初始值不同,所以通过每个逆映射优化获得的结果不一定相同。在这种情况下,应将这些矢量的中心矢量作为优化结果。正交试验仅用于提供训练样本,而 BP 神经网络逆映射将自动完成优化过程。

第3章

汽车发动机控制技术

3.1 电子控制燃油喷射系统

燃油喷射是使用喷油器将燃油喷射到进气歧管、进气道或气缸中,然后与空气混合形成可燃混合物。电子控制燃油喷射系统(Electronic Fuel Injection,EFI)利用系统中传感器监测的发动机运行状态参数来计算喷油器的通电时间,从而精确地控制喷油器的喷射正时和喷射量。

电子控制燃油喷射系统能实现混合气空燃比的高精度控制,让汽车发动机在任何环境下达到理想空燃比,在各种运行工况下均能获得最佳浓度的混合气,从而实现提高功率、降低油耗、减少排气污染等功效。

3.1.1 电子控制燃油喷射系统的分类及组成

1. 电子控制燃油喷射系统的分类

电子控制燃油喷射系统通常按燃油喷射部位、喷油器的数量和喷射方式分类。

1)按燃油喷射部位分类

按喷油器喷射燃油的部位不同,电子控制燃油喷射系统分为两类,即缸内喷射系统和进气管喷射系统。

(1)缸内喷射。将燃油通过喷油器直接喷射到气缸内部,称为缸内喷射。缸内喷射系统属于多点喷射系统,这种喷射系统将喷油器直接安装在气缸盖上,燃以较高的燃油压力油将燃油直接喷入气缸。由于汽油黏度低而喷射压力较高,并且气缸中的工作条件差(高温和高压),因此,该系统对喷油器的技术条件和加工精度要求较高。研究数据显示,缸内喷射的优越性在于能够实现稀薄混合气燃烧,有利于降低燃油消耗和控制有害气体排放。基于上述优势,缸内喷射是发动机燃油喷射技术的发展方向。

（2）进气管喷射。进气管喷射又称为缸外喷射，该喷射方式是将燃油喷射在气缸外面的节气门或进气门附近的进气管内，空气与燃料相互混合与作用后进入气缸。对比缸内喷射系统，进气管喷射系统无须大幅度调整发动机机体部分，缸内高压与高温状态对喷油器不产生影响。进气管喷射系统结构简单，对喷油压力要求较低，投入成本少，为目前应用较多的电子控制燃油喷射系统。

2）按喷油器的数量分类

按喷油器的数量划分，电子控制燃油喷射系统可分为单点喷射（Single Point Injection，SPI）系统和多点喷射（Multi Point Injection，MPI）系统。

（1）单点喷射。单点喷射系统是指在进气管的节气门体上安装一只或并列安装两只喷油器的电子控制燃油喷射系统。在单点喷射系统中，燃油喷射在节气门上方的进气管中，与空气混合形成可燃混合气，通过进气歧管分配到各个气缸。

（2）多点喷射。多点喷射系统是在发动机每一个气缸进气门前的进气歧管上均安装一只喷油器的电子控制燃油喷射系统。发动机工作时，喷油器适时将燃油喷射在节气门附近的进气歧管内，空气和燃油在进气门附近形成混合气。这种电子控制燃油喷射系统能较好地保证各缸混合气的均匀性，而且在设计进气管时可以充分利用空气惯性的增压效应以实现高功率化设计。多点喷射系统性能卓越，是目前普遍采用的电子控制燃油喷射系统。

多点喷射系统在发展过程中，曾经研制出几种典型的基本形式——D型、L型、LH型及M型，它们代表着不同年代电子控制燃油喷射系统的设计思路和技术水平。

① D型燃油喷射系统。D是德文单词"drnck"（压力）的首字母。D型燃油喷射系统对发动机中吸入的空气量不直接检测，而是通过检测进气歧管压力（真空度）和发动机转速，推算出吸入的空气量，这种方式称为速度-密度控制方式。1967年，D型燃油喷射系统由罗伯特·博世有限公司（以下简称"博世"）在德国开发，是最早用于汽车的电子控制燃油喷射系统。由于空气在进气歧管内流动时会产生压力波动，发动机怠速时的进气量之差可达40倍以上，进气流速最大可达80 m/s，因此，D型燃油喷射系统的进气量测量精确度不高，但进气阻力小，充气效率高，成本低。与传统的博世D型燃油喷射系统对比，目前车辆上安装的电子控制燃油喷射系统已经实现较大改善，整体性能得到了很大提高。

② L型燃油喷射系统。L是德文单词"luft"（空气）的首字母。L型燃油喷射系统的结构原理与D型燃油喷射系统的结构原理基本相同，其改进之处在于用叶片式空气流量传感器代替D型燃油喷射系统中的进气歧管压力传感器，进入进

气歧管的空气量直接由空气流量传感器测量，因此，L 型燃油喷射系统也称为质量流量控制型燃油喷射系统。其测量精确度高于 D 型燃油喷射系统，可以更准确地控制燃油喷射量和空燃比。

③ LH 型燃油喷射系统。LH 型燃油喷射系统基于 L 型燃油喷射系统进一步调整与完善后形成，因此，两个系统在结构上一致，差异表现为 L 型燃油喷射系统采用的传感器类型为空气流量传感器，而 LH 型燃油喷射系统采用热线式空气流量传感器。在 LH 型燃油喷射系统中，由于热线式空气流量传感器检测通过电子电路的空气流量，不存在移动部件，因此，在检测精确度提高的同时，阻力下降。LH 型燃油喷射系统应用大量集成电路形成 ECU，操作速度提升，控制范围扩大，并且控制功能增强。

④ M 型燃油喷射系统。M 型燃油喷射系统是在 L 型燃油喷射系统的基础上，将电子控制点火系统与燃油喷射系统组合而成。电控单元采用数字式单片机，集成电路采用大规模集成电路，具有结构简单、体积小、响应速度快、控制精确度高的特点。M 型燃油喷射系统除具备 LH 型燃油喷射系统与 L 型燃油喷射系统的所有功能以外，由于将点火提前角控制和喷油时间控制组合在一个 ECU 内，因此，在发动机起动、怠速、加/减速、全负荷等工况下，燃油喷射量可实现自动调节，同时还可以实现点火提前角的有效控制，最终实现点火提前角与燃油喷射量匹配，从而迅速提升发动机的加速性能、起动性能、动力性、排放性及怠速稳定性等。M 型燃油喷射系统是目前主流的电子控制燃油喷射系统。

3）按喷射方式分类

按喷射方式划分，电子控制燃油喷射系统分为连续喷射系统与间歇喷射系统。

（1）连续喷射。连续喷射是指在发动机运转期间，喷油器连续不断地喷射燃油。连续喷射方式主要用于机械控制式、机电结合式和单点喷射系统，如博世 KE 喷射系统与 K 喷射系统。

（2）间歇喷射。间歇喷射是指在发动机运转期间，喷油器间歇喷射燃油。目前，大多数电子控制燃油喷射系统都属于间歇喷射系统。间歇喷射系统根据喷射时序不同，又可分为同时喷射系统、分组喷射系统及顺序喷射系统。

① 同时喷射。同时喷射是指发动机在运转期间，各缸喷油器同时开启且同时关闭，由 ECU 的同一个喷油指令控制所有的喷油器同时工作。

② 分组喷射。分组喷射是将喷油器分成两组交替喷射，ECU 发出两路喷油指令，每路指令控制一组喷油器。

③ 顺序喷射。顺序喷射是指喷油器按发动机各缸进气行程的顺序轮流喷射。喷油正时由 ECU 根据凸轮轴位置传感器提供的信号判定出第一缸活塞位置，在第一缸活塞到达进气行程上止点前一定角度时，ECU 发出喷油脉冲信号控制第一

缸喷油器喷射燃油，第一缸喷油器完成喷油后，ECU根据气缸点火顺序，轮流控制其他气缸的喷油器在其活塞到达进气行程上止点前一定角度时喷射燃油，从而实现顺序喷射。

目前，顺序喷射的多点喷射系统是电子控制燃油喷射系统的主流，而由于排放法规日益严格，同时喷射系统和分组喷射系统已经逐渐被淘汰。

2. 电子控制燃油喷射系统的组成

电子控制燃油喷射系统由两部分组成，分别为空气供给系统与燃油供给系统。

1）空气供给系统

空气供给系统向气缸提供燃料燃烧所需的空气，并测量进入气缸的进气量。空气供给系统主要由空气滤清器、空气流量传感器（或进气压力传感器）、电子节气门（机械节气门）、进气歧管和怠速控制系统组成。空气经过以上系统进入气缸。在汽车的行驶过程中，加速踏板控制进入发动机的进气量，而ECU则通过传感器测量的进气量计算喷油量。

2）燃油供给系统

燃油供给系统的主要功能是向发动机提供燃油，由燃油泵、油箱、燃油滤清器、喷油系统、油压调节器及回油管组成。

燃油由燃油泵从油箱中泵出，具有一定压力的燃油经过燃油滤清器除去杂质及水分后，流至燃油分配管，由燃油分配管送至各缸喷油器。喷油器根据ECU的喷油指令，开启喷油阀，将适量的燃油喷于进气门前，待进气行程开始时，再将可燃混合气吸入气缸。装在燃油分配管上的油压调节器是用来调节系统油压的，目的在于保持喷油器内油压与进气歧管内的压力差恒定，一般控制为高于进气歧管压力（300 kPa）。

3.1.2 空气供给系统

空气供给系统由进气压力传感器、空气流量传感器（L型）或进气歧管绝对压力传感器（D型）、空气滤清器、节气门、进气总管、节气门位置传感器以及进气歧管等组成。另外，空气供给系统中还安装有进气温度传感器、怠速控制系统的怠速控制阀等。进气歧管绝对压力传感器、空气流量传感器、节气门位置传感器及进气温度传感器等作为电子控制燃油喷射系统中的关键传感器，直接影响电子控制燃油喷射系统的工作性能，因此，本节重点介绍这些元器件。另外，冷却液温度传感器与进气温度传感器的结构原理极其相似，故也将其纳入本节进行介绍。

1. 空气流量传感器

空气流量传感器用于对发动机进气量进行检测，同时可以转换进气量信号为电信号输入 ECU，供 ECU 计算喷油时间和点火时间。进气量信号是 ECU 计算喷油时间和点火时间的主要依据。

空气流量传感器类型多样，有卡门涡流式、翼板式、热线式和热膜式等。其中，翼板式和卡门涡流式空气流量传感器测量的是空气的体积，为体积流量型。热线式和热膜式空气流量传感器由电子元器件对空气的质量进行检测，是质量流量型。质量流量型空气流量传感器中不存在运动部件，工作性能更稳定，气流流动阻力较小，测量精确度更高，缺点在于投入费用多。

1）热线式空气流量传感器

在空气通道中的电热体，因为空气的流动，其自身温度会下降。空气流速越快，温度下降就越快。为了使电热体保持原有的温度，空气流速快时应对电热体提供大电流；若空气流速慢，则所需电流小。在电热体上增加的电流与空气流速有一定比例关系。热线式和热膜式空气流量传感器就是利用这种原理检测空气质量的。

在使用一段时间后，热线式空气流量传感器的热线表面会有一些杂物。由于这种传感器是基于热线表面与空气的热传导而制成的，因此，杂物对热线的热辐射能力不会产生影响，但会严重影响传感器测量的精确度。使用热线式空气流量传感器时必须在控制电路中设计自洁电路，以实现自动清洁功能。发动机熄火时，一般在每次熄火 5 s 内，ECU 会控制自洁电路接通并产生较大的控制电流，升高热丝温度至 1 000 ℃，灼烧附在热线上的杂物，以达到自洁的目的。热线式空气流量传感器可直接测得进气空气的质量，无须温度和大气压力补偿，而且无运动部件，无磨损，进气阻力小，反应灵敏，响应特性好。热线式空气流量传感器自 20 世纪 80 年代初研制成功后，便得到了广泛应用。

2）热膜式空气流量传感器

热膜式空气流量传感器是热线式空气流量传感器的改进产品，其结构和工作原理与热线式空气流量传感器基本相同。只是其发热元件采用的是由铂金属薄膜制成的膜片电阻，称为热膜电阻。在热膜式空气流量传感器内部的进气通道上设有一个矩形护套，其功能类似于采样管，将热膜电阻设置在护套内，并在入口位置安装空气过滤层（可在很大程度上滤除空气内的污垢），有效避免污垢附着在热膜上对精确度产生影响。与热线式空气流量传感器相比，热膜式空气流量传感器不直接承受空气流动所产生的作用力，增加了发热体的强度，提高了其可靠性。另外，薄膜电阻的电流较小，热阻高，应用时间长，但是，发热元件表面存在绝缘保护膜，会存在一定程度的辐射热传导，从而降低响应特性。因为大多数沉积污染物主要沉积于传感器的边缘，主要的传热部件安装在位于气流下游的陶瓷基片上，又因为铂金属膜与热丝面积相比较大，表面上存在绝缘保护膜，因此，氧化物或者污染物对测量精确度不会产生影响，没有必要在控制电路中设置自洁电路。

空气流量传感器必须精确记录发动机吸入的空气质量,尤其是发动机在高负荷时,活塞引发的逆向气流会在空气流量传感器后产生波动,逆向气流产生的波动会降低空气流量传感器测量的精确度。

3)翼板式空气流量传感器

翼板式空气流量传感器是基于电位计原理与力矩平衡原理设计、开发的一款机电相结合的传感器,其在市场上的应用时间较长,优势在于可靠性高、成本低廉及结构简单。

翼板式空气流量传感器由 5 部分组成,分别为电位计、检测部件、调整部件、进气温度传感器及接线插座。

4)卡门涡流式空气流量传感器

卡门涡流式空气流量传感器是基于卡门涡旋理论开发,应用光电信号或者超声波信号对涡流频率进行检测,实现对空气流量测量的一种传感器。

卡门涡流式空气流量传感器主要用于对进气流的体积进行检测,通过进气温度传感器校正环境温度,可有效减少环境温度改变后出现的误差。根据测量单位时间内涡流数量的方法不同,卡门涡流式空气流量传感器可分为两种类型:反光镜检测型和超声检测型。

2. 进气歧管绝对压力传感器

在 D 型燃油喷射系统中,进气歧管绝对压力传感器将测得的发动机进气歧管内的绝对压力以电压信号的方式和发动机转速信号一起传递给 ECU,ECU 根据进气歧管内的绝对压力和发动机转速计算出空气流量,作为确定喷油器基本喷油量和点火时间的依据。由此可见,进气歧管绝对压力传感器的作用和空气流量传感器相似,是一种间接测量发动机进气量的压力传感器。

大部分压力传感器用于对压力差值的测量,其应用的检测原理是将压力变化转换成为电阻值变化。压力传感器可分为 3 种类型:电阻应变计压力传感器、半导体压阻效应压力传感器和电感式压力传感器(波纹管和差动变压器组合)。当检测到进气歧管总压力与大气压相比较低时,选择电感式压力传感器(研发出半导体压阻效应压力传感器后,电感式压力传感器被淘汰)或者半导体压阻效应压力传感器。检测压力较高的制动液或变速器油液时,一般采用电阻应变计压力传感器。

3. 节气门位置传感器

节气门位置传感器安装在节气门体节气门轴的一端,节气门随着加速踏板的转动而转动,响应信号也会发生变化。

节气门位置传感器一方面测量节气门的开度,判断发动机工况,另一方面测量节气门开关的速度。在急加速或急减速时,由于惯性或灵敏度的影响,空气流量传感器的反应会滞后,这会影响汽车的动力性能和燃油经济性,因此,以节气门位置传感器的输出信号作为喷油量控制的另一个重要信号,可以弥补空气流量传感器自身存在的反应滞后问题。除此之外,通过节气门位置传感器可对空气流量传感器的输出信号进行有效检测。当空气流量传感器出现问题后,节气门位置传感器将完全替代发动机转速传感器与空气流量传感器,以便为 ECU 提供控制燃油喷射量有效参数值。在装备有自动变速器的汽车上,节气门开度信号除输入发动机 ECU 之外,还要输入变速器 ECU,作为确定变速器换挡时机和变矩器锁止时机的重要信号。

节气门位置传感器按结构可分为线性可变电阻型、接触开关型、接触式和线性可变电阻组合型;根据输出信号的不同,可分为线性输出型和开关输出型。

4. 温度传感器

温度作为一个重要参数,用于直观反映汽车发动机的热负荷状态,因此,要实时对发动机的冷却温度、排气温度及进气温度进行检测,保证控制系统可以准确掌握发动机的各项数据。温度传感器可以将被检测物体温度信号转换为电信号,输入 ECU,以便 ECU 可以校正控制参数或确定被测物体的热负荷状态。温度传感器针对不同测量对象具有不同的功能。

安装在发动机水套或冷却液出口管上的冷却液温度传感器,接触冷却液后对发动机冷却液温度进行检测,并将温度信号转换为电信号传输到 ECU,以使在 ECU 校正燃油喷射脉冲宽度、点火正时等时,使发动机处于最佳运行状态。

在采用进气歧管绝对压力传感器间接检测进气流量的 D 型燃油喷射系统和采用体积流量型空气流量传感器的 L 型燃油喷射系统中,应考虑空气密度对实际进气量的影响,其随进气温度和压力的变化而变化。进气温度传感器的功能是检测进气温度,将其转换为电信号并将其传输到 ECU 中,以便 ECU 可以根据进气温度的变化校正燃油喷射量,并且获得最佳空燃比,使发动机自动适应外部环境温度的改变情况。在空气密度较高、进气温度较低的情况下,ECU 调节并增加喷油器喷油量;反之,在空气密度较小、空气温度较高的情况下,ECU 调节并降低燃油喷射量。若中断进气温度传感器信号,会造成节气门开启难度大、急速不稳定和排放超标。

温度传感器根据其结构和物理特性,可分为物理类型(热敏电阻式、热敏铁氧体式)和结构类型(双金属片式、石蜡式)。现代汽车中广泛使用物理类型温度传感器,特别是热敏电阻式温度传感器,其具有灵敏度高、响应特性好、结构简单、成本低等优点。

3.1.3 燃油供给系统

燃油供给系统的功能是在发动机运行过程中提供其所需燃油。燃油供给系统由燃油箱、电动燃油泵、燃油滤清器、燃油分配管、供油管、回油管、喷油器及油压调节器等组成。

燃油通过电动燃油泵泵出燃油箱，杂质被燃油滤清器过滤，并通过供油管向油压调节器发送。进气歧管受到油压调节器作用后，空气压力与燃油压力处于一个定值，燃油压力高于进气管压力 250 kPa，其他燃油则利用回油管流回燃油箱中，再由燃油分配管将其输送到每个喷油器，喷油器按照 ECU 发出的指令对喷射持续时间与开始时刻加以控制，以在最短时间内完成所有燃油喷射。由碳罐、燃油蒸气管等组成的燃油蒸发排放控制系统使排放到大气中的燃油蒸汽量最小化。为了消除电动燃油泵泵油时或喷油器喷射燃油时管路中油压的轻微波动，早期的燃油供给系统中还安装了油压脉动阻尼器，用于吸收油管中的油压波动，以此抑制管道中油压波动引起的喷射损失。目前，大多数燃油供给系统只安装了油压调节器。当发动机在低温下冷起动时，吸入的混合物中的一部分燃料冷凝。为了改善发动机的冷起动性能，早期的发动机在进气总管处安装一个由热敏定时开关或者 ECU 控制的冷起动喷油器，随着电子技术的发展，现代汽车发动机通常以增加喷油器喷油脉冲宽度的方式实现补偿。

目前，一般采用不易产生气阻的无回油管式燃油供给系统。无回油管式燃油供给系统的设计目的，是防止流动的燃油将发动机室内的热量带回油箱导致燃油升温，造成燃油蒸发过多。这种系统有两种结构形式：一种是将油压调节器安装在燃油箱内；另一种是将油压调节器取消，在电动燃油泵总成上加装控制油压的压力控制阀，以保证燃油分配管内的压力为恒定值。

1. 电动燃油泵

电动燃油泵的功能是从油箱中吸出燃油，加压后输送到管路中，与油压调节器配合，建立合适的系统压力，最终将燃油输送到喷油器。为了防止发动机供油不足及高温所产生的气阻，电动燃油泵的最高输出油压需要在 470 kPa 左右，其供油量比发动机最大耗油量大得多，多余的燃油从回油管返回燃油箱。

根据安装位置的不同，电动燃油泵可分为内置式和外置式。目前，大多数汽车使用的电动燃油泵为内置式。这种电动燃油泵安装在燃油箱中并全部浸泡在燃油内，可避免出现泄露或者气阻等问题，使电动机降温与输送燃油更加便捷，而且工作状态下产生的噪声小。内置式电动燃油泵设计有一个小油箱，小油箱的功能是放置电动燃油泵，以避免汽车在燃油量较少的情况下倾斜或者转弯造成电动燃油泵吸入大量空气而出现气阻现象。外置式电动燃油泵与燃油箱外输油管串联连接，便于安装与布置，其不足之处在于会出现大量气泡产生气阻，其产生的噪声较大。

电动燃油泵是采用电子控制燃油喷射系统的发动机的基本部件之一，其通常由小型直流电动机驱动。内置式与外置式电动燃油泵具有相同的结构，由泵体、电动机及壳体组成。电动燃油泵根据结构可分为 5 种形式，即叶片式、滚柱式、齿轮式、侧槽式及涡轮式。常用的有滚柱式、齿轮式、涡轮式。外置式电动燃油泵主要采用滚柱式，内置式电动燃油泵主要采用涡轮式或滚柱式。

1）结构组成与工作原理

电动燃油泵内部结构主要由油泵、永磁式直流电动机、限压阀、泵壳及止回阀等部件组成。电动机由电枢、永磁体、电刷及换向器组成。油泵由泵体与泵转子组成，泵转子固定在电动机轴上，电动机转动带动其转动。

当点火开关接通时，永磁式直流电动机电路接通，电枢受电磁力的作用开始转动，泵转子随电动机一同转动，将燃油从油箱经输油管和进油口泵入油泵。当油泵中的油压超过止回阀处的弹簧压力时，燃料通过油管从油出口泵送到供油管并分配到每个喷油器中。

为防止发动机停转时，供油压力突然下降引起燃油倒流，在油泵出口处安装止回阀。发动机熄火后，油泵停止转动，止回阀关闭，这样供油系统内还会有残余压力。油路中残余压力的存在有利于发动机再起动，并能避免高温时气阻现象的发生。

在电子控制燃油喷射系统中，油泵供给的燃油量必须大于发动机喷油量，而油泵的最大工作压力比实际需求值大得多，但系统油压不能过高，故在油泵中设有一限压阀。当油泵中的燃油压力超过规定值（通常为 400 kPa）时，燃油压力克服泵体上限压阀弹簧的压力将限压阀顶开，油泵出油口与吸油口相通，部分燃油返回到进油口一侧，使燃油压力不致过高而损坏油泵。

（1）滚柱式。滚柱式电动燃油泵主要由滚柱泵、驱动电动机、安全阀、阻尼减振器及止回阀等组成。滚柱泵主要由泵体、泵转子及滚柱组成。驱动电动机的电枢轴较长，泵转子偏心地压装在电枢轴上，随驱动电动机一同转动。泵转子周围制作有齿缺，滚柱安放在齿缺与泵体之间的空腔内。泵体用螺钉固定在一起，放置在泵壳中，泵体侧面制作有进油口和出油口，泵转子与泵体的径向和轴向都制作有很小的间隙，以使泵转子能够灵活转动。

滚柱式电动燃油泵利用体积变化来输送燃油。在密封腔室容积增大一侧的泵体侧面设有进油口，在容积减小一侧的泵体侧面设有出油口，在泵转子旋转过程中，泵体进油口处腔室的容积不断增大，形成低压油腔，将燃油吸入泵体，而泵体出油口处腔室的容积不断减小，形成高压油腔，从而将燃油压出泵体流向电动机，使电动机得到冷却。当电动机周围泵壳内的燃油增多，燃油压力高于油泵出油口单向阀弹簧的压力时，燃油便从出油口经输油管输送到喷油器。

（2）齿轮式。齿轮式电动燃油泵主要由外齿轮、泵体和内齿轮 3 部分组成，其基本原理与滚柱式电动燃油泵相同。当电动机旋转时，内齿轮旋转并与外齿轮啮合，使泵腔容积发生变化，容积增大一侧将燃油吸入，容积减小一侧将燃油压出。

齿轮式电动燃油泵与滚柱式电动燃油泵相比,在相同的外形尺寸下,泵油腔室的数目较多,因此齿轮式电动燃油泵输油的流量和压力波动都比较均匀。

(3) 涡轮式。涡轮式电动燃油泵主要由涡轮泵、驱动电动机、安全阀及止回阀4部分组成。涡轮泵的工作方式与前两种电动燃油泵完全不同,其燃油输送和压力升高完全是由液体分子之间动量转换实现的。当涡轮泵与电动机一起转动时,由于转子的外圆有很多齿槽,在其前、后利用摩擦产生压力差,经重复运转产生涡流而使燃油压力上升,由泵室输出。涡轮式电动燃油泵的特点是供油压力的脉动较小,燃油供给系统中不需要设置减振器,易于实现小型化,适合装在油箱内,简化燃油供给系统管路,降低噪声。这种泵由于使用薄型涡轮,所以所需转矩较小,可靠性高。由于输送率低,故主要用于低压且输送量大的场合。

涡轮泵和侧槽泵都属于流动型泵。在这种类型的油泵中,涡轮将燃油加速,甩到油道内,并在油道内通过脉动交换产生稳定的压力。涡轮泵与侧槽泵的区别在于泵轮叶片的数量、形状和侧槽的位置。与侧槽泵不同,涡轮泵的侧槽位于泵的圆周上。尽管涡轮式电动燃油泵产生的最大油压可达 400 kPa,但是燃油压力没有波动,很适合对噪声要求很高的车辆。

2) 电动燃油泵的控制

电动燃油泵仅在发动机起动和运转时才工作。当点火开关打开时,为了建立系统燃油压力,电动燃油泵往往会运行一段时间,以便发动机能顺利起动。在其他情况下,即使点火开关打开,只要发动机不运转,电动燃油泵就不会工作。当发动机运转时,必须控制电动燃油泵正常运转。通常通过控制电动燃油泵继电器的通断来实现对电动燃油泵的控制。继电器触点闭合,电动燃油泵通电工作;继电器触点断开,电动燃油泵停止工作。

通常电动燃油泵总是在一定的转速下运转,因此输出油量不变。但在发动机高速大负荷工况下所需油量大,必要提高电动燃油泵的转速以增加泵油量。当发动机处于中小负荷与低速工况时,应使电动燃油泵低速运转以减少油泵的磨损及不必要的电能消耗,故在一些发动机中对电动燃油泵设置了转速控制机构,对电动燃油泵的转速进行控制。

(1) 采用电动燃油泵开关控制的电动燃油泵控制电路。此控制电路应用在早期采用翼板式空气流量传感器的 L 型燃油喷射系统中,油泵转速不变,输油量恒定。

(2) 采用 ECU 控制的电动燃油泵控制电路。此种控制电路应用于 D 型和采用热丝式(热膜式)、卡门涡流式空气流量传感器的 L 型燃油喷射系统中,电动燃油泵转速恒定,输油量恒定。

(3) 具有转速控制功能的电动燃油泵控制电路。电动燃油泵的转速由施加在其上的电压决定。电动燃油泵转速控制模式分为 3 种类型：利用串联电阻器控制电动燃油泵的转速、利用电动燃油泵 ECU 控制电动燃油泵的转速、利用发动机 ECU 直接控制电动燃油泵的转速。

2. 燃油分配管总成

燃油分配管总成由燃油分配管、油压调节器以及喷油器组成。

1）燃油分配管

燃油分配管一般用铝合金制成，为圆形管状或方形管状，用螺栓固定在发动机进气歧管上部，主要功能是在发动机上固定油压调节器与喷油器，合理分配燃油至喷油器。燃油分配管与喷油器连接处制作有小孔，以便将燃油分配到每只喷油器。有的车型配备的发动机其燃油分配管上制作有连接油压表的接口（燃油压力塞），以便测量燃油压力。

燃油分配管安装在发动机的上部，由于作业环境温度较高，容易造成燃油挥发的现象。电动燃油泵的供油量远大于发动机的燃油消耗量，剩余燃油经回油管返回燃油箱，燃油不断流动，带走了燃油分配管、喷油器和进油管中的热量和燃油蒸气，从而有效地防止气阻的发生并改善了发动机的热起动性能。

燃油分配管阻塞会导致发动机性能降低和过热。如果喷油器堵塞，则发动机将不稳定。为了阻止杂质进入燃油通道，应在拆卸燃油分配管前先洗去喷油器周围的脏物。管接头位置应加盖并遮挡喷油器口，勿将燃油通道浸在可溶液体中清洗。

2）油压调节器

油压调节器的主要功能是使系统燃油压力与进气歧管压力之差保持为常数，通常为 300 kPa。这样，从喷油器喷出的燃油量仅取决于喷油器的开启时间，即 ECU 提供给喷油器通电信号的时间长度，也称为喷油脉度，计算时以毫秒（ms）为单位。

因为发动机所要求的燃油喷射量是根据 ECU 加给喷油器的通电时间长短来控制的，如果不控制燃油压力，即使加给喷油器的通电时间相同，当燃油压力高时，燃油喷射量也会增加。当燃油压力低时，燃油喷射量会减少。为了使系统燃油压力与进气歧管压力之差保持稳定，油压调节器所控制的系统燃油压力应随进气歧管压力的变化作相应的变化。

油压调节器通常安装在油轨上，金属外壳的内部被膜片分割为弹簧室和燃油室。弹簧室内装有一个带预紧力的螺旋弹簧，并通过一根软管与发动机进气歧管相通，而燃油室直接与燃油总管相通。因此，膜片下方燃油室一侧承受燃油总管的燃油压力，即系统燃油压力，而另一侧则受进气歧管负压与弹簧压力的合力作用。

当发动机工作时，若进气歧管负压增高，可使作用在油压调节器膜片弹簧室侧的压力降低，在系统燃油压力作用下，膜片上移，打开阀门，使多余的燃油从回油管流回燃油箱，系统燃油压力随之相应降低，从而使喷油器的喷油绝对压力不随进气歧管真空度的变化而发生变化，即保持恒定。其大小主要取决于弹簧力。当发动机停止工作时，电动燃油泵停转，油压调节器在弹簧张力的作用下使阀门关闭。因此，在电动燃油泵单向阀与油压调节器阀门的作用下依然可使油路中的系统燃油压力保持一定的残余压力。

有些型号的油压调节器的真空管路由开关阀（Vacuum Solenod Valve，VSV）控制，用于切断真空管在油压调节器和进气歧管之间的通道，以在发动机热机起动时提高燃油压力。油路中的燃油由于温度过高而产生空气阻力，这可能导致混合物变稀。

3）喷油器

喷油器是电控燃油喷射系统的一个关键的执行器，它的作用是按照 ECU 的指令（喷油脉冲信号）将准确计量的燃油适时地喷入进气道或进气歧管内，使之与空气形成可燃混合气。

喷油器的实质为电磁阀。喷油器通过绝缘热圈安装在进气歧管或进气道附近的缸盖上，电磁线圈根据 ECU 发出的喷油脉冲信号接通。在电磁线圈的磁场作用下，针阀克服了弹簧力上升，将燃油喷射到进气歧管或总管中。当 ECU 切断电路时，吸力消失，复位弹簧重置针阀，以关闭喷油器并停止喷射，喷油器喷射的燃油量取决于针阀的升力、孔口的横截面积及燃料系统和进气歧管气体之间的压力差等因素。当这些因素确定后，燃油喷射量由针阀的打开时间确定，即由电磁线圈通电的时间长度决定。

喷油器作为一种高精度精密装置，其基本特性为具有较强的抗干扰能力、动态流量区间大、雾化能力强及抗阻塞等。目前，已经研发出来的多种类型的喷油器已达到上述性能需求，其中有球阀型、轴针型及片阀型。喷油器的电磁线圈在所有特征值下均可进行缠绕，但典型的是低阻型喷油器（电阻为 2~5 Ω），还有一种是高阻型喷油器（电阻为 12~17 Ω）。

3.1.4 燃油喷射的控制过程

在电控燃油喷射系统的工作过程中，ECU 接收各种传感器输出的发动机工况信号，根据 ECU 内部预先编制的控制程序和存储的试验数据，确定适应发动机工况的喷油时间、喷油脉宽等参数，完成喷油器的喷油正时控制、喷油量控制和断油控制，从而使发动机保持最佳运行状态。

1. 喷油正时控制

喷油正时就是指喷油器开始喷油的时间。对于使用多点喷射系统的发动机，根据喷油正时和曲轴转角之间的关系，可以将其分为同步喷射和异步喷射。同步喷射意味着喷射与发动机的曲轴旋转同步，并且从上止点以固定的活塞冲程和曲柄角位置喷射。异步喷射与曲柄角位置无关，主要取决于发动机运行条件，如发动机的冷起动和急加速期间的临时喷射。同步喷射按照燃油喷射时间可分为分组喷射、同时喷射及顺序喷射3种，它们对喷油正时的要求各不相同。

1) 同时喷射的控制

同时喷射是指所有气缸的喷油器在相同时间喷油，各气缸的喷油器并联在一起，电磁线圈电流由一只功率晶体管驱动控制。发动机工作时，ECU根据曲轴位置传感器和凸轮轴位置传感器输入的基准信号发出喷油指令，控制功率晶体管导通与截止，再由功率晶体管控制喷油器电磁线圈电流的接通与切断，使气各缸的喷油器同时喷油和停止喷油。曲轴每旋转一圈或者两圈，各气缸的喷油器同时喷油一次，这种喷射方式是固定不变的。在每个工作循环中所有喷油器按照规定的时刻喷射两次，也就是说曲轴每旋转两周喷油器喷射一次，由于各气缸的喷油器同时喷油，因此喷油正时与发动机进气—压缩—做功—排气工作循环无关。

同时喷射的优点是控制程序与控制电路具有通用性，操作相对简单。其缺点是每个气缸的喷射正时始终不是最佳的，导致气缸混合物不均匀，因此，除了早期开发之外，这种方式仅应用于电控燃油喷射系统需要紧急操作时或者出现故障状态时。

2) 分组喷射的控制

分组喷射是指按照分组方式控制喷油器喷油，各组喷油器轮流交替进行燃油喷射。两个喷油器分为一组，一般将四缸发动机分成两组，将六缸发动机分成三组，八缸发动机分成四组。

发动机工作状态下，通过ECU对不同组的喷油器进行控制，实现交替喷油。发动机每转一圈，只有一组喷油器喷油，每组喷油器连续实现一次或者两次喷射。在每次工作循环中，每组喷油器各喷射一次，两次喷射的时间间隔与曲轴旋转一周的时间相等。分组喷射并非当前最好的喷油方式，与其他喷油方式相比，其在混合雾化质量方面产生了较大改变，可以在一定程度上提高发动机的性能。

3) 顺序喷射的控制

顺序喷射是指根据发动机点火顺序，喷油器依次在最合适的曲柄角位置喷射燃油。各气缸中的喷油器在喷油时具有独立性，也可以称为独立喷射，不同气缸中的喷油器分别由ECU的一个功率放大电路控制，喷油器数量等于功率放大器电路数量。发动机起动后，ECU按照一定顺序控制功率晶体管导通与截止；当功率晶体管导通时，喷油器电路接通，喷油器开始喷油。在顺序喷射系统中，发动机每工作一个循环，各个喷油器就轮流喷油一次。

实现顺序喷射的关键是判断具体位于排气止点上的气缸是哪一个。信号主要来源为凸轮轴位置传感器与曲轴位置传感器。起动发动机后，ECU 根据曲轴位置传感器的信号确定活塞在上止点前的具体位置，结合凸轮轴位置传感器的信号，就可以确定哪个气缸在上止点，而且还可以判断是处于压缩上止点还是排气上止点。当处于上止点时，ECU 调取已设置的喷油控制指令并输出，使喷油器电磁线圈接地电路接通，此气缸的喷油器喷射燃油。

发动机采用多点顺序喷油系统时，点火顺序与喷油顺序相同，位于压缩上止点之前为点火时刻，位于排气上止点之前为喷油时刻。顺序喷射的优点是各气缸喷油器的喷油时刻均可设计在最佳时刻，喷油时间准确，各气缸的燃料分配均匀，燃油雾化质量高，有利于提高燃油经济性和降低排放污染，因此，顺序喷射方式被现代汽车发动机普遍采用。

2. 喷油量控制

喷油器的喷油量取决于喷油器电磁阀打开的时间，也就是取决于 ECU 提供的喷油脉冲信号宽度。喷油量的控制其实就是喷油器喷油脉宽的控制，喷油脉宽又是根据发动机在不同运转工况下传感器提供给 ECU 的各种信息来决定的，目的是使可燃混合气的空燃比符合要求，使发动机具有良好的经济性和动力性，降低排放污染。喷油量控制是发动机电子控制系统控制的核心内容之一。

发动机工况不同，对混合气浓度的要求也不同。特别是在冷起动、怠速、急加/减速等特殊工况下，对混合气浓度都有特殊要求。因此，喷油量控制大致可分为发动机起动时的喷油量控制和发动机起动后（运转过程中）的喷油量控制两种情况。

1) 发动机起动时的喷油量控制

当发动机起动时，其转速非常小（约为 50 r/min），且波动较大，无论 D 型燃油喷射系统中的进气压力传感器还是 L 型燃油喷射系统中的空气流量传感器，都不能精确地确定进气量，从而影响合适的喷油脉宽的确定。因此，在发动机冷起动时，ECU 不是以空气流量信号或进气压力信号作为计算喷油量的依据，而是按照可编程只读存储器中预先编制的起动程序和预定空燃比控制喷油量。具体地说，在发动机起动时，ECU 根据当时的发动机冷却液温度，由存储器中的冷却液温度-喷油时间图找出相应的喷油脉宽图，然后用进气温度和蓄电池电压等参数进行修正，得到发动机起动时的喷油脉宽。

当点火开关打开时，ECU 的"STA"（启动）端接收高电平信号，并且 ECU 跟据节气门位置传感器信号与曲轴位置传感器信号确定发动机当前的运动状态。若曲轴位置传感器信号显示发动机转速未达到 300 r/min，节气门位置传感器信号显示节气门处于关闭状态，则表示发动机处于起动状态。

发动机冷机起动时，由于发动机温度较低，燃油进入进气管后不易挥发，吸入气缸的可燃混合物浓度较低。ECU 根据冷却液温度传感器信号，调节并控制喷油量，温度越低喷油量越大，温度越高喷油量越小，从而保证发动机冷启动正常。

在实际应用中，常采用两种不同的方式增加燃油喷射量：一种是ECU直接控制喷油器，通过延长喷油器的喷油时间；另一种是通过冷起动喷油器，对所有气缸的进气总管喷入一部分附加燃油。

采用ECU直接控制喷油器的方式时，由于未设置温度时间开关与冷起动喷油器，因此，在结构设置上有一定简化，但必须准确修正喷油持续时间。为了使进气道与气缸内形成均匀的可燃混合气，要尽可能地避免燃油对火花塞的湿润，要求喷油器在发动机每转一圈时进行多次喷射。因此，采用ECU直接控制喷油器的方式时，要通过ECU内部的控制电路与软件的功能实现对喷油持续时间的控制，它取决于发动机冷却液温度和自起动开始累积的转数、发动机转速、起动时间等，这无疑增加了控制系统的复杂性。随着电子技术的发展，该问题已经得到解决，现代汽车发动机普遍采用这种控制方式。

通常，喷油器的实际打开时间晚于ECU控制其打开的时间，有一定的滞后，蓄电池电压值与滞后时间存在直接关系，电压越低产生的滞后周期越长，因此，要在蓄电池电压的基础上，通过ECU调整喷油量并增大喷油脉宽，使实际喷油时间与ECU计算值相近。

2）发动机起动后的喷油量控制

在发动机起动后，喷油器的喷油量分为3部分，分别为基本喷油量、喷油修正量及喷油增量，可以简化计算流程并较大幅度地提高控制的精确度。计算时采用叠加方式，得到最佳喷油量并将其转化为控制喷油器开启时间的控制信号，以控制喷油器的运转。

发动机的基本喷油量根据发动机转速传感器信号、进气歧管绝对压力传感器信号或者空气流量传感器信号及设置的目标空燃比等计算得出。喷油修正量根据大气压力传感器信号、进气温度传感器信号、蓄电池电压信号及氧传感器信号等计算得出。喷油增量根据冷却液温度传感器信号、发动机点火开关信号及节气门位置传感器信号等计算得出。

3. 断油控制

断油控制是ECU在某些特殊工况下，暂时中断燃油喷射，以满足发动机运行时的特殊需要。断油控制分为多种类型，主要有超速断油控制、减速断油控制、清除溢流控制和减转矩断油控制。

1）超速断油控制

超速断油控制是指ECU在发动机转速超过某个限制值时，立即中断喷油器喷油，以防止发动机损坏。

每台发动机的转速都有一个额定值，一般为7 000 r/min。在发动机运行过程中，通过对比存储器极限速度与曲轴位置传感器测量任何时间段内发动机的转速，若发动机转速高出额定转速 100 r/min，此时，ECU 向喷油器发出暂停喷射燃油命令，则发动机转速无法再提高，从而避免发动机超速运转而造成机件损坏。发动机转速低于额定转速后，ECU 控制喷油器恢复喷射。

2）减速断油控制

减速断油控制是当发动机在高转速运转过程中突然减速时，ECU 自动控制喷油器中断燃油喷射，直到发动机转速下降到设定的转速时再恢复喷油。当汽车在高速行驶中驾驶员突然松开加速踏板减速时，发动机将在汽车惯性力的作用下高速旋转，此时节气门已经关闭，进入气缸的空气很少，如果不停止喷油，混合气将会很浓而导致燃烧不完全，排气中的有害气体成分将急剧增加。减速断油控制的目的就是节约燃油，并减小有害气体的排放量。

进行减速断油控制时，ECU 根据节气门位置、发动机转速和冷却液温度等传感器信号，判断是否满足以下 3 个减速断油条件：节气门位置传感器信号表示节气门关闭；发动机冷却液温度达到正常工作温度；发动机转速高于燃油停供转速（由 ECU 根据发动机温度、负荷等参数确定）。当 3 个条件全部满足时，ECU 立即发出停止喷油指令，控制喷油器停止喷油。当喷油停止，发动机转速降低到燃油复供转速或节气门开启时，ECU 立即发出指令控制喷油器恢复喷油。燃油停供转速和燃油复供转速与冷却液温度和发动机负荷有关。冷却液温度越低，发动机负荷越大（如空调系统接通），燃油停供转速和燃油复供转速就越大。反之，发动机冷却液温度越高负荷越小，则停止与恢复供油的转速就越小。

3）清除溢流控制

发动机刚起动，电子控制燃油喷射系统向汽车提供高浓度可燃性混合气体，以便使发动在短时间内迅速运行。若起动几次都没有成功，则火花塞会被混合气浸湿，使发动机起动更加困难，这称为"淹缸"或"溢流"现象。

清除溢流控制是指在踩下汽车加速踏板或节气门开度为 80%～100%，且发动机起动时，ECU 自动控制喷油器中断喷油，以消除喷油器中的燃油蒸气，使火花塞干燥，从而起动发动机。清除溢流控制所需条件为：节气门开度大于 80%，转速小于 300 r/min，点火开关位于开始状态。当上述条件全部满足时，断油控制系统起动"清除溢流"工作模式，喷油器暂停喷射燃油，因此，在起动发动机的过程中，只需按下起动开关，无须踩踏节气门；反之，当断油控制系统处于"清除溢流"工作模式时，发动机无法正常起动。

4）减转矩断油控制

在配装电控自动变速器的汽车上，当行驶中变速器自动升挡时，变速器 ECU 向发动机 ECU 发送扭矩减小信号，发动机 ECU 在接收到信号后立即发出控制信号，暂时中断个别气缸的喷油器喷油，减小发动机转速，以减轻换挡冲击，这种功能称为减转矩断油控制。

3.2 微机控制电子点火系统

影响汽油发动机的动力性、经济性和排放性能的主要因素，除了精确控制可燃混合气的空燃比、提高空气质量流率和升功率外，另外一个主要因素就是点火性能。作为汽油发动机必不可少的组成部分，从传统机械式有触点点火系统开始，点火系统的电子化经历了普通电子点火系统和微机控制电子点火系统两个发展阶段。

3.2.1 对点火系统的基本要求

点火系统应保证发动机在各种运行条件下可靠和准确地点火。因此，点火系统必须满足以下要求。

（1）可以提供足够高的次级电压，使火花塞电极之间产生火花。能够克服火花塞电极之间的气隙阻抗以产生正常点火火花的电压称为击穿电压。汽油发动机正常运行所需的击穿电压与汽油发动机的运行条件有关。在低速和大负载时，所需的击穿电压为 8 kV；冷起动所需的击穿电压高达 17 kV；正常点火时，击穿电压应大于 15 kV。为了确保可靠点火，考虑到各种因素的影响，除了不同工况要求外，点火击穿电压必须有一定的余量储备，一般应大于 15 kV，而且电压上升要快。目前，大多数电控汽油机点火系统可提供的击穿电压超过 28 kV。

（2）火花塞电极间产生的火花必须具有足够的能量。点火能量的大小直接影响发动机的点火情况，一般情况下，电火花的能量越大，相应的混合气的着火性能越好。只有点火能量较高时，才可以点燃稀薄的混合气，这对提高发动机的经济性和改善排放具有重要的作用。发动机正常工作时，接近压缩终点时混合气已经具有很高的温度，所需的点火能量较小，通常需要 3 mJ 左右。发动机处于起动等非稳定工况下时，则需较高的点火能量，起动工况所需的点火能量是最高的。为了保证实现可靠地点火，电火花一般应具有大于 50 mJ 的点火能量。传统点火系统能发出 30 mJ 左右的点火能量，将混合气点燃。市场上出售的电控电动机高能点火装置的点火能量均高于 80 mJ。

（3）应按发动机的点火顺序并以最佳时刻（点火提前角）进行点火。发动机气缸中的混合气需要部分时间完成点火到完全燃烧的整个过程。要想使发动机产生最大功率，就不能在压缩行程完全终了、活塞行至上止点后才点火，要提前一段时间点火。曲轴由火花塞开始点火至活塞全部上行到压缩止点转过的所有角度称为点火提前角。一般情况下，混合气在压缩行程后期，压缩上止点到达之前的某一时刻被点燃。若点火提前角过大,则将引起混合气过早燃烧,气缸内压力升高过快,产生爆燃的可能性增大,使发动机工作变得粗暴,有效功率下降;反之,若点火提前角较小,则混合气从燃烧到膨胀的整个阶段无法得到完全燃烧,导致燃烧温度与压力下降,造成较大的热损失。因此,尽管爆燃倾向减小,排放量减小,但发动机有效功率也会降低。理想的点火提前角调节功能可确保汽油发动机具有最佳的点火提前角,即在所有运行条件下的最佳点火提前角。试验表明,发动机的最佳点火提前角应为发动机气缸中的最高压力产生于上止点后 $10°\sim15°$ 。

传统的机械式有触点点火系统大体上可以满足以上3个要求,而普通电子点火系统则只能在提高击穿电压方面有所改善,只有微机控制电子点火系统有可能在以上3个方面都获得突破。

传统的机械式有触点点火系统的最大问题是:当断电器触点工作时,在触点间产生的电火花极易使触点氧化、烧蚀,从而抑制电火花,使点火系统初级电流和次级电压的提高受到限制。虽已历经半个多世纪,但该系统的此问题并未从根本上得到解决。另外,传统的机械式有触点点火系统采用机械式真空提前装置和离心提前装置调整点火时刻,机械装置自身存在局限性,点火提前角无法在任何状况下都处于最佳状态。

与机械式有触点点火系统相比,普通电子点火系统由于采用点火信号发生器代替断电器触点产生点火信号,因此从根本上消除了与触点有关的所有缺点和可能的故障。点火控制模块中包含两项控制功能,分别为初级线圈恒定电流控制与闭合角度控制,但普通电子点火系统在调节点火提前角时,还是采用离心提前装置与机械真空提前装置实现,只能在发动机转速和负荷改变时起调节作用,不能兼顾其他因素对点火提前角的影响,无法对点火提前角进行精确控制,也不能对爆燃进行反馈控制,因此汽油机的综合性能不能得到有效发挥。

20世纪70年代末,在无触点普通电子点火系统的基础上开发的微机控制电子点火系统是点火系统在技术上的一次变革。点火控制实现微机化后,电子点火系统不再采用离心式和真空式的点火提前角调节装置,而是以ECU为控制核心,将发动机在各种运行工况下的最佳点火提前角值预先以点火提前角脉谱图形式储存在ECU的存储器中。在发动机运行中,ECU将不断采集发动机转速、负荷、进气量及冷却液温度等信号,并根据自身存储器中存储的控制程序与数据,确定发动机的运行工况,然后筛选出该工况的点火提前角大小和初级电路的导通时间、截止时间、通电电流大小等控制参数,并根据冷却液温度、节气门位置等信息对所选参数进行进一步修正,经综合计算分析后确定实际控制目标,然后发出控制指令进行全过程自动控制。在带有爆燃传感器反馈控制的闭环点火控制模式下,ECU可将点火提前角控制在无爆燃或轻微爆燃的范围内,使发动机获得较高的燃烧效率。由此可见，微机控制电子点火系统能够完全满足汽油机对点火系统的基本要求，使发动机的动力性、经济性达到较高的水平，同时也有效地降低了排放污染。

3.2.2 微机控制电子点火系统的组成及工作原理

1. 微机控制电子点火系统的组成

微机控制电子点火系统与电子控制燃油喷射系统相同，主要由监控发动机运行状态的传感器、处理信号和发出点火指令的 ECU、响应点火的执行器组成。微机控制电子点火系统分为两种类型：基于分电器的微机控制电子点火系统和无分电器的微机控制电子点火系统。

1）传感器

传感器用来检测与点火有关的发动机工况信息，并向 ECU 发送检测数据作为计算点火正时的重要参数，从而有效控制点火正时。不同类型的微机控制点火系统采用不同尺寸、结构和安装位置，但其组成主要都包括曲轴位置（转角和转速）传感器、爆燃传感器、凸轮轴位置（上止点位置）传感器与空气流量传感器、冷却液温度传感器、节气门位置传感器、进气温度传感器及车速传感器等。这些传感器中的大多数与电子控制系统共享（如电子控制燃油喷射系统和怠速控制系统），并由 ECU 集中控制。

在传感器输入 ECU 的信号中，曲轴位置信号和凸轮轴位置信号是保证 ECU 控制电子点火系统正常工作的最基本的信号。曲轴位置传感器向 ECU 传输曲轴转角信号与发动机转速信号，发动机转速信号用于确定点火提前角，曲轴转角信号用于控制点火时刻。

凸轮轴位置传感器收集凸轮轴的位置信号并将其输入 ECU，以便 ECU 识别气缸压缩上止点，从而执行点火正时控制和爆燃控制。由于凸轮轴位置传感器可以识别哪个气缸活塞即将到达上止点，因此，其也被称为判缸传感器。

爆燃传感器是微机控制电子点火系统专用的一个传感器，ECU 可根据爆燃传感器输出的信号来判断发动机是否发生爆燃，从而对点火提前角进行修正，以达到闭环控制点火提前角的目的。

微机控制电子点火系统是发动机电控系统中的重要组成部分，除了专用的部件（爆燃传感器和执行器）以外，其他全部传感器都是共用的。例如，电子控制燃油喷射系统中的空气流量传感器检测单位时间发动机的空气流量，为了确定满足每个循环的最佳空燃比的燃料量，应该获得每个循环吸入的空气量。另外，为了在使用顺序喷射和分组喷射时有效地改善发动机的性能，需要选择相对于曲轴转角的特定喷射正时，因此，与空气流量传感器、节气门位置传感器、冷却液温度传感器等一样，电子控制燃油喷射系统和控制电子点火系统共用曲轴位置传感器。

2）ECU

ECU既是电子控制燃油喷射系统的控制核心也是微机控制电子点火系统的核心，其作用是根据各种传感器和开关信号，按照预先编制的程序进行计算与分析，以判断当前发动机所处的工况与状态，输出最佳点火提前角和点火线圈初级电路导通时间的控制信号，通过执行机构实现发动机的最佳点火时间控制。ECU只读存储器在保存自检程序、监视程序的同时，也保存了不同操作环境下根据台架试验确定的发动机的最佳点火提前角。随机存取存储器用于存储微机工作时需要临时存储的数据，如输入/输出数据、微控制器操作的结果、故障代码、点火提前角校正数据等，这些数据可被随时调用或被新的数据覆盖。

3）执行器

执行器的主要组成部分有点火控制器、点火线圈、火花塞及分电器等。

（1）点火控制器。点火控制器也可以称为点火模块或者点火控制单元、点火功率放大器或者点火电子单元，连接于ECU与点火线圈之间，是微机控制电子点火系统的功率输出级，接受ECU输出的点火控制信号控制点火线圈初级绕组接地端的通断并进行功率放大，以便驱动高压点火线圈工作。

由于车辆型号不同，点火控制器的功能、电路及结构也存在较大差异。在普通电子点火电路中，点火顺序和点火正时是由点火控制器直接控制的，即使在微机控制电子点火电路中，有的车型仍设有独立的（非集成在ECU内部）、受发动机ECU控制的点火控制器（点火电路），作为ECU的一个执行机构用线束与ECU相连。无分电器的微机控制电子点火系统点的火线圈初级绕组与点火线圈数量大于2个，因此，点火控制器在包含恒流控制电路、自动断电电路及导通角控制电路的同时，增加了有关控制电路、气缸判别电路及大功率晶体管电路。大功率晶体管工作电流大，温度高，故障率相对较高，为了便于散热、检修，许多无分电器点火系统将点火控制器分为控制电路和大功率晶体管输出电路两部分，控制电路直接合入ECU，大功率晶体管输出电路则自成一体，成为结构单一的点火控制器［如日产地平线（Skyline）轿车和部分三菱汽车使用的无分电器的微机控制电子点火系统或者集成点火线圈］。

（2）点火线圈。微机控制电子点火系统的点火线圈具有各种结构形式。根据不同的高压配电模式，其可以分为3种类型：二极管分配模式的点火线圈、基于独立点火模式的点火线圈和点火线圈分配模式的点火线圈。由于无分电器的微机控制电子点火系统的点火线圈初级绕组分为多个或者两个，发动机运行一个工作循环，每个点火线圈初级绕组只通断一次或者二次，所以点火线圈初级绕组能够有较长的通电时间，点火线圈可以采用完全的闭磁路结构，可提高能量利用率。

闭磁路点火线圈将其初级绕组和次级绕组共同缠绕在"口"字形或"日"

字形铁芯上,初级绕组在铁芯中产生的磁通通过铁芯构成闭合回路。铁芯中留有一个小空气隙,其目的是减少铁芯的磁滞现象。"口"字形和"日"字形铁芯的点火线圈的磁路均由磁阻可以忽略不计的铁芯构成,所以漏磁少,能量转换效率高,因此,闭磁路点火线圈在微机控制电子点火系统中的应用越来越多。

2. 曲轴位置传感器与凸轮轴位置传感器

曲轴位置传感器的功能是检测发动机转速、曲轴位置和各气缸压缩上止点,作为点火时刻与控制喷油的主要信号。与空气流量传感器一样,曲轴位置传感器是发动机集中控制系统中最主要的传感器。凸轮轴位置传感器又称为相位传感器、同步信号传感器,其功能是检测凸轮轴的转角位置,ECU以此确定气缸(如1缸)活塞上止点位置,这是控制喷油和点火时刻信号的依据。大部分车辆在生产加工凸轮轴位置传感器与曲轴位置传感器时采用一体化设计,这种传感器称为凸轮轴/曲轴位置传感器。

在电子控制燃油喷射系统中,ECU根据每次循环的进气量,计算出最佳空燃比的燃油量,流量传感器检测每单位时间的空气流量。为了确定满足每个循环的最佳空燃比的燃油量,应确定所有工作循环具体吸入的空气量,即在已知单位时间内吸入空气量的基础上,应检测发动机转速。另外,当采用顺序喷射和分组喷射时,为了有效地改善发动机的性能,需要选择特定喷射正时和点火正时,因此,在发动机控制系统中设有曲轴位置传感器。

曲轴位置传感器将发动机曲轴转角转变成电信号输入ECU,曲轴每转过一定角度就发送一个脉冲信号,ECU通过检测脉冲个数即可计算出发动机转速。在微机控制电子点火系统中,发动机曲轴转角信号用来计算具体的点火时刻,转速信号用来计算和读取基本点火提前角。

在多点喷射系统中,当ECU控制喷油器开始喷射时,必须首先知道哪个气缸的活塞即将到达排气上止点;当ECU控制火花塞点火时,必须首先知道哪个气缸活塞即将到达压缩上止点,其次根据曲轴转角信号控制燃油喷射和点火,因此,凸轮轴位置传感器是多点喷射系统必不可少的传感器。

当曲轴旋转到特定位置(如1缸上止点或上止点之前的某个角度)时,凸轮轴位置传感器将凸轮轴位置信号输入ECU,判别此时开始向上止点运行的活塞是处于压缩行程还是排气行程,使ECU识别出气缸活塞的压缩上止点后,从而进行顺序喷油控制、点火控制以及爆燃控制等。除此以外,凸轮轴位置信号可以对发动机起动后产生的第一次火时刻进行识别。由于凸轮轴位置传感器可用于识别哪个气缸活塞即将到达上止点,因此,其也被称为判缸传感器。

曲轴位置传感器和凸轮轴位置传感器的结构因型号而异,可分为磁感应式、霍尔式尔和光电式。它们通常安装在曲轴的前端、凸轮轴的前端、飞轮上或分电器内。大多数汽车将曲轴位置传感器和凸轮轴位置传感器制作成一体，相同类型的传感器的工作原理与检测方式完全相同。

3. 微机控制电子点火系统相应的点火电路

微机控制电子点火系统可分为有分电器和无分电器两种类型。无分电器的微机控制电子点火系统的主要特点是完全取消了传统的分电器总成，由ECU中附加的点火控制电路和分电电路控制点火模块实现对点火的控制，点火线圈次级绕组与火花塞直接相连，即点火线圈产生的高压电直接送给火花塞进行点火。由于没有机械传动，所以减少了分火头与旁电极这一中间跳火间隙的能量损耗和干扰。随着无分电器的微机控制电子点火系统的出现，有分电器的微机控制电子点火系统已经逐渐被淘汰。这里主要介绍无分电器的微机控制电子点火系统的点火电路。

无分电器的微机控制电子点火系统根据点火方式分为同时点火与独立点火两种。

1）同时点火方式

同时点火是指将所有气缸的火花塞两两分组，用一个点火线圈给两个火花塞提供电压。点火线圈每产生一次高压电，都使同组两个气缸的火花塞同时跳火，即双缸同时点火。

当双缸同时点火时，处于上止点的两个火花塞同时点火，此时，一个气缸处于压缩上止点前，点火有效；另一个气缸则处于排气上止点前，点火无效。曲轴旋转一圈后，两个气缸行程调转。

双缸同时点火，采用两种形式分配高压电，即点火线圈与二极管。

2）独立点火方式

使用独立点火方式后，在所有气缸火花塞上方安装配套点火线圈，无须高压线。点火控制器根据ECU发出的点火信号和气缸识别信号输出点火控制脉冲，根据点火顺序接通和断开三极管控制端子，从而控制每个点火线圈依次产生高压，将高压电直接传递给与其直接连接的火花塞。

独立点火方式的优点是省略了高压线路且点火能量损失进一步减小。所有气缸都拥有独立的点火线圈，在发动机转速过高的情况下，点火线圈相应的通电时间延长，向发动机提供大量点火能量。由于去除了高压分电器中的电火花，所以其所需的点火电压降低，单位时间内通过点火线圈初级电路的电流要小得多，点火线圈不易发热。点火线圈体积可以做得很小，能直接安装在火花塞上面。由于不需要高压线，所有高压部件都可安装在发动机气缸盖上的金属屏蔽罩内，无线电对微机控制电子点火系统的干扰可大幅度降低，且使点火能量的损失和点火系统故障进一步降低。由于独立点火方式具有更多优点，该点火方式将成为主流。

3.2.3 点火提前角与闭合角控制

点火提前角和闭合角是与发动机综合性能有关的两个重要控制参数。点火提前角直接影响发动机的动力性、经济性及排放性能等。较好的点火提前角可以使发动机的 3 个基本性能同时达到较佳。闭合角是影响击穿电压和点火能量的重要因素，合适的闭合角可以使微机控制电子点火系统在很大的发动机转速范围内都能可靠工作。

1. 点火提前角控制

1）点火提前角的影响因素

发动机转速、发动机负荷及汽油抗爆性等因素均会对点火提前角产生重要影响，下面简要分析发动机转速、发动机负荷对点火提前角的影响。

（1）发动机转速。处于恒定负荷条件下，随着发动机转速升高，相同时间内转过的曲轴转角增大。如果混合气的燃烧速率不变，为了保证在上止点后约 10°左右燃烧压力达到最高，最佳点火提前角应在原来的基础上适当加大。另一方面，随着发动机转速升高，气缸压力和温度提高，混合气的扰流增强，促使混合气的燃烧速率增大。在这两方面因素的综合作用下，虽然总体上最佳点火提前角随发动机转速的升高而增大，但理想的最佳点火提前角与发动机转速的关系是非线性的。

（2）发动机负荷。在发动机转速恒定的情况下，当发动机负荷增大时，进入气缸的混合气量增加，压缩终了气缸内的压力和温度都会提高，使混合气的燃烧速率增大，因此最佳点火提前角应随发动机负荷的增大而相应减小。然而，理想的最佳点火提前角与发动机负荷的关系也是非线性的。

试验表明，随着发动机转速与负荷的变化，临界爆燃点的点火提前角的变化是非线性的。而理论和实践已证明，发动机的最佳点火时间应能够使发动机的燃烧临近爆燃。显然，真空和离心点火提前角调节装置的线性调节不可能在发动机转速和负荷变化的范围内将点火提前角调整到最佳值。

2）点火提前角控制的基本内容

根据发动机运行工况的特点，微机控制电子点火系统工作时，ECU 对点火提前角的控制分为起动时的点火提前角控制和起动后的点火提前角控制两种情况。而实际点火提前角包含初始点火提前角、基本点火提前角及修正点火提前角。

初始点火提前角是由曲轴位置传感器信号和曲轴转角之间的对应关系确定的点火提前角，并且由曲轴位置传感器的安装位置确定。初始点火提前角对最佳点火提前角的计算不会产生任何影响，主要用于对点火提前角初始参考位置的计算。车辆型号、发动机类型不同，相应的初始点火提前角也存在差异。有些微机控制电子点火系统内,把活塞上止点信号后的首个曲轴转角信号过零点作为点火基准点,该信号过零点时基准点位于活塞压缩行程上止点前10°,那么该发动机的微机控制电子点火系统的初始点火提前角就是10°。

基本点火提前角是在发动机正常的工作温度和正常的工作转速内,ECU根据发动机的转速和负荷通过查找和计算确定的点火提前角。

修正点火提前角是当发动机不在正常的工作温度或不在正常的转速与负荷范围内时,由ECU按照不包含发动机负荷与发动机转速的开关信号或者传感器信号加以修正的点火提前角。

实际最佳点火提前角的计算公式为

理想点火提前角=基本点火提前角+初始点火提前角+修正点火提前角

对于把压缩上止点作为点火提前角基准点的微机控制电子点火系统,调整计算理想点火提前角的公式为

理想点火提前角=修正点火提前角+基本点火提前角

3)起动时的点火提前角控制

起动时发动机转速非常低,不能根据转速和负荷进行点火提前角控制,而是用适应起动工况的点火提前角控制方法,其控制目标是使发动机在各种情况下都有良好的起动性能。起动时的点火提前角控制有起动初始点火提前角控制和起动非初始点火提前角控制两种方式,即点火提前角固定控制和点火提前角可调控制。

(1)起动初始点火提前角控制。发动机起动时转速较低,负荷信号稳定性差。为了确保有适当而又稳定的点火提前角,将点火提前角固定在初始点火提前角。ECU根据点火开关信号,发动机转速和曲轴位置传感器信号,进行起动初始点火提前角控制,并直接由集成电路IC系统产生点火定时信号。

(2)起动非初始点火提前角控制。为了提高发动机的起动性能,有些发动机起动时的点火时间并非取决于初始点火提前角,而是ECU根据发动机温度和起动转速适当地对点火提前角进行控制。

在正常起动转速(大于100 r/min)下,主要考虑的是温度对发动机燃烧的影响。在温度低于零度时,从点火到迅速燃烧需较长的时间,所以需适当增大点火提前角。在低起动转速(100 r/min)下,若继续维持原有的点火提前角,可能活塞在上止点前混合气就已迅速燃烧,造成发动机难以起动或回火。为了避免这种情况的发生,ECU根据起动转速的降低,同步而适当地减小初始点火提前角,并按照自适应模式确定并记录发动机低速起动时的实际点火提前角,以备下一次发动机低速起动时正确控制实际点火提前角,使发动机顺利起动。

低速起动点火提前角=正常起动转速点火提前角×(起动转速/100)

4）起动后的点火提前角控制

起动发动机后，点火开关提供的起动信号消失，ECU 根据该变化在发动机起动后调整为起动后的点火提前角控制方式。

（1）基本点火提前角控制。基本点火提前角控制用于使发动机处于任何转速与负荷下都具备理想点火提前角。它与发动机怠速和正常工作条件下的基本点火提前角控制是不同的。发动机处于怠速工况时，ECU 根据节气门位置传感器输入的怠速触点闭合信号确认发动机处于怠速工况，然后根据转速信号和空调开关信号，从只读存储器中预先设定的怠速工况基本点火提前角数据表或点火特性三维脉谱图中选出对应的基本点火提前角。当发动机处于非怠速工况时，ECU 根据发动机转速信号和空气流量（或进气管压力）信号，从在只读存储器中预先设定的非怠速工况基本点火提前角数据表中查出相应的基本点火提前角。

（2）点火提前角修正控制。发动机基本点火提前角是通过发动机负荷信号与转速信号共同计算得出的，并非理想点火提前角，其只能满足发动机在某个工况下的实际需要。除了发动机转速和负荷以外，其他对点火提前角有重要影响的因素均归入点火提前角修正值中。当发动机温度不在正常工作温度范围或出现了其他需要对点火提前角进行适当调整的因素时，ECU 立即执行点火提前修正控制以使发动机保持在最佳点火状态。通常，通过将基本点火提前角乘以适当的因子来获取点火提前角修正值。对于不同的发动机类型，修正系数和修正项目有所不同。

2. 闭合角控制

点火控制器控制初级绕组导通的时间，将其换算成在该转速下的曲轴转角（称为闭合角），因此也可以称闭合角控制为点火线圈通电时间控制。

采用电感储能式微机控制电子点火系统时，当点火线圈的初级绕组被接通后，由于电感线圈的阻抗作用，在电压不变的情况下，通过初级绕组的电流以指数规律从零逐渐增加，当通电时间达到某个值时初级电流才可能达到饱和。次级绕组高电压的最大值与初级绕组断开时流过点火线圈的电流成比例，即点火线圈次级绕组产生的击穿电压取决于在初级绕组断开时流过点火线圈的电流大小。为了满足发动机对击穿电压和点火能量的要求，微机控制电子点火系统的闭合角控制以确保点火线圈初级绕组具有足够的通电时间和初级绕组在断开时达到饱和电流为主要目标，这不仅改善了微机控制电子点火系统的点火性能，还避免了点火线圈初级绕组过热和无效的电能损失。

影响点火线圈初级绕组通过电流的主要因素有发动机转速和蓄电池电压。由于闭合角是以曲轴转角来度量的，对于不同的转速，单位曲轴转角所代表的绝对时间各不相同。当蓄电池电压变化时，点火线圈初级绕组在断开时达到饱和电流所需的绝对时间也会改变。为了实现闭合角控制的主要目标，通过试验把不同的蓄电池电压和不同转速下使点火线圈初级绕阻在断开时达到饱和电流所需要的闭合角编制成闭合角数据表存储在 ECU 只读存储器中。

在发动机正常工作状态下，ECU 根据输入的蓄电池电压和发动机转速信号，从闭合角数据表中查出相应的数值，通过点火线圈驱动电路对初级绕组通电时间进行控制。当发动机转速高时，适当增大闭合角，以防止初级绕组通过电流减小、次级绕组高电压下降而造成点火困难；当蓄电池电压较高时相应的通电时间缩短，以限制点火线圈形成过大的初级电流，避免温度太高损坏点火线圈；当蓄电池电压过低时，则可延长点火线圈一次通电时间，保证初级电流量达到起动要求。

3.2.4 爆燃传感器与爆燃控制

发动机爆燃是指气缸内的可燃混合气在火焰前锋尚未到达之前自行燃烧导致压力急剧上升而引起缸体振动的现象。爆燃不仅会导致发动机输出下降、发动机使用年限缩短，严重时还会造成发动机损毁。当发动机在大负荷状态下工作时爆燃出现的概率更高，因此，必须防止发生爆燃。

理论与实践证明，汽油发动机获得最大功率和最佳燃油经济性的有效方法之一是增大点火提前角，但是点火提前角过大又会引起发动机爆燃。为了最大限度地发挥发动机的潜能，应把点火提前角控制在接近临界爆燃点（或有轻微的爆燃）。为了达到这样的性能要求，除了必须采用微机控制电子点火系统外，还必须采用爆燃反馈控制方式控制点火提前角。

在发动机控制系统中，当点火时刻采用闭环控制时，就能有效地抑制发动机爆燃，提高动力性。发动机爆燃控制系统是在点火系统的基础上，增加了爆燃传感器、比较基准电压形成电路、带通滤波电路、整形滤波电路、信号放大电路、积分电路组成的点火提前角环控制系统。爆燃传感器的功能是对发动机是否出现爆燃进行检测，一个发动机安装爆燃传感器的数量为 1~2 个。带通滤波器只允许发动机爆燃信号频率为 6~9 MHz 的信号输入 ECU 进行处理，其他频率的信号则被衰减。信号放大电路的作用是对输入 ECU 中的信号进行放大，以便整形滤波电路进行处理。接近爆燃的信号经过整形滤波电路和比较基准电压形成电路处理后，形成判定是否发生爆燃的基准电压。爆燃信号经过整形滤波电路和积分电路处理后，形成的积分信号用于判定爆燃强度。

1. 爆燃传感器

爆燃传感器的作用是将发动机机体的振动程度转换成电信号输送到发动机 ECU，以便 ECU 可以通过校正点火提前角来消除爆燃。

对发动机爆燃的检测可以使用气缸压力检测、燃烧噪声检测和发动机机体振动检测等方法。燃烧噪声检测属于非接触式检测模式，耐久性较强，但灵敏度与准确性较差。气缸压力检测精确度最高，但传感器的耐久性差且安装困难。发动机机体振动检测也称为气缸壁振动类型检测,该检测方法检测精确度高,传感器安装方便灵活,耐用性好,是目前最常用的爆燃检测模式。

发动机机体振动检测方法所使用的爆燃传感器是一种振动加速度传感器,安装在发动机机体上。常见的爆燃传感器有两种,一种是磁致伸缩式爆燃传感器(已淘汰),另一种是压电式爆燃传感器。

1) 磁致伸缩式爆燃传感器

磁致伸缩式爆燃传感器主要由磁感应线圈、伸缩杆、壳体及永磁体等部分构成。高镍合金作为伸缩杆的主要材料,伸缩杆两端分别为永久磁铁与弹性件。伸缩杆上缠绕感应线圈,线圈两端引出电极与控制电路连接。

发动机机体振动带动传感器伸缩杆处于振动状态,感应线圈内的磁通量发生变化,感应线圈中就会产生感应交变电动势,即传感器有信号电压输出。输出电压取决于发动机机体的振动动频率与振动强度。发动机机体振动频率达到 6~9 MHz时,感应线圈中出现的电压最高。

2) 压电式爆燃传感器

压电效应指的是如石英这种晶体薄片经过机械振动或者在压力下会产生电荷,产生的电荷量与外力大小成正比。压电式爆燃传感器是利用压电效应工作的。其工作原理是:当发动机机体振动并且振动传递到传感器壳体时,传感器壳体和配重块之间发生相对运动,夹在这两者之间的压电元件所受的压力发生变化,从而产电压。ECU通过检测该电压的大小判断发动机爆燃强度。

当发动机机体产生振动时,传感器套筒底座及配重块随之产生振动,套筒底座和配重块的振动作用在压电元件上。由压电效应可知,压电元件就会输出与振动强度和振动频率相关的交变电压信号。

2. 爆燃控制

发动机爆燃一般仅在大负荷、中低转速时产生,由于爆燃传感器输出电压的振幅随发动机转速高低不同而有很大的变化,因此,发动机是否发生爆燃不能根据爆燃传感器输出电压的绝对值进行判定,判定爆燃的基准电压通常利用发动机即将爆燃时的爆燃传感器输出电压来确定。最简单的方法是首先对爆燃传感器输出信号进行滤波和半波整流,利用平均电路求得信号电压的平均值,然后乘以常数倍即可形成基准电压。因为发动机转速升高时,爆燃传感器输出电压的幅值增大,所以基准电压并不是一个固定值,它将随发动机转速的升高而增大。发动机爆燃的强度取决于爆燃传感器输出电压的振幅和持续时间。爆燃信号电压值超过基准电压值的次数越多,爆燃强度越大;反之,超过基准电压值的次数越少,说明爆燃强度越小。确定爆燃强度常用的方法是首先利用基准电压对传感器输出信号进行整形处理,然后对整形后的波形进行积分,求得积分值。爆燃强度越大,积分值越大;反之,爆燃强度越小,积分值越小。

爆燃控制系统是一个闭环控制系统,发动机工作时,ECU根据各传感器信号，从存储器中查到相应的点火提前角控制点火时刻，控制结果由爆燃传感器反馈到 ECU 输入端，再由 ECU 对点火提前角进行修正。爆燃传感器的信号输入 ECU 后，ECU 便将积分值与基准电压进行比较。当积分值大于基准电压时，ECU 立即发出指令，控制点火时刻推迟，每次推迟 0.5°~1.0°曲轴转角，修正速度为 0.7°/s 左右，直到爆燃消除。爆燃强度越大，点火时间推迟越多；爆燃强度越小，点火时间推迟越少。当积分值小于基准电压时，说明爆燃已经消除，ECU 又递增一定量的点火提前角，直到再次产生爆燃为止。

发动机机体振动频繁剧烈，为使监测到的爆燃信号准确无误，无须随时进行监测，而是在发出点火信号后的一定时间范围内（此时产生爆燃的可能性最大）进行监测。

3.3 电子节气门控制系统

3.3.1 电子节气门控制系统概述

节气门的功能是对发动机中的空气流量进行控制，确定发动机的实际运行状态。在电子节气门操纵机构中，节气门只由电动机来操纵，因此，取消了节气门踏板和节气门之间的波顿拉索，即驾驶员的驾驶需求通过节气门踏板向发动机 ECU 传输，ECU 发送指令对节气门位置重新修正，因此，发动机 ECU 就可以通过调整节气门的位置来改变发动机的输出扭矩，即使驾驶员没有踏动节气门踏板也可调节发动机扭矩，这样可使发动机管理系统之间和内部更好地协调工作。

电子节气门控制系统（Electronic Throttle Control System，ETCS）主要由节气门体、节气门踏板、节气门踏板位置传感器、节气门位置传感器、节气门驱动装置和 ECU（绝大部分与发动机 ECU 集成为一体）等组成。图 3.1 所示为电子节气门的调节方式，由电动机在整个调节范围内调节节气门位置。驾驶员从功率需求出发对节气门踏板进行控制，节气门踏板位置信号发送至节气门踏板位置传感器后，向发动机 ECU 发送信号。驾驶员的驾驶需求通过发动机 ECU 转换为节气门的具体开起角度。

如果因安全和油耗方面的原因必须调节发动机扭矩，那么发动机 ECU 可以调节节气门位置（不需要驾驶员踏动节气门踏板），其优点是发动机 ECU 在调节节气门位置时会参观汽车尾气排放量、驾驶员需求、安全性及耗油量等多项参数。

发动机 ECU 获取节气门踏板位置传感器信号，对驾驶员的功率需求进行计算，并通过执行元件将所需功率转换成所需发动机扭矩。计算时发动机 ECU 应

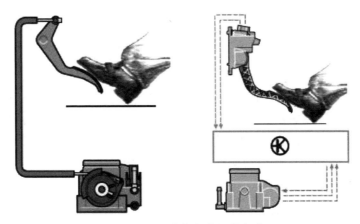

图 3.1 电子节气门的调节方式

将发动机管理系统功能、车辆系统功能等考虑在内,其中,发动机管理系统功能主要包括限制车速、限制发动机转速及限制功率等,车辆系统功能包括自动变速器与制动系统。除此之外,发动机 ECU 通过对电子节气门控制系统进行监控,避免车辆行驶问题。

发动机 ECU 由两个处理器组成,一个是功能处理器,一个是监控处理器。功能处理器接收并处理来自传感器的信号,随后操纵执行元件进行工作;监控处理器只监控功能处理器。

这两个处理器采用问答形式相互校验。若发现故障,则这两个处理器均可独立地命令节气门单元、点火系统和喷油系统进行相应操作,以便关闭发动机。监控处理器给功能处理器提一个问题,如转速或者点火提前角方面的问题。监控处理器随后会检查返回的回答的正确性,若回答错误 1 次,则监控处理器的故障计数器内就记录下 1 个故障;若回答错误 5 次,则发动机就被关闭。5 次错误回答的识别时间不超过 0.5s。

节气门单元主要用于解决发动机空气量需求。根据发动机 ECU 发送的指令,节气门驱动装置控制与管理节气门。节气门角度传感器将节气门所在位置向发动机 ECU 反馈,显示节气门开起或者关闭状态。出于安全考虑,电子节气门控制系统使用了两个角度传感器,发动机 ECU 同时接收两个角度传感器的信号。节气门驱动装置的本质为节气门驱动装置,使用发动机 ECU 控制。节气门驱动装置中安装小齿轮机构驱动节气门发生转动,从而调节车辆运行状态由怠速至全负荷运行速度。

3.3.2 电子节气门控制系统的工作原理

图 3.2 所示为电子节气门控制系统发出请求流程。驾驶员踩踏节气门踏板,位于该位置的传感器生成与 ECU 对应的电压信号,ECU 根据节气门踏板的运动

量、工作模式及变化率等参数对驾驶员需求进行预测,再对节气门预期值与扭矩基本需求进行计算;同时,ECU 还接收各种其他传感器的信号,如发动机转速、自动变速器挡位、空调压缩机负载及驱动防滑系统(Acceleration Slip Regulation,ASR)、定速循航系统(Cruise Control System,CCS)和其他控制系统的其他控制信号,从而计算所有所需的转矩。调节节流阀角度的基本预期值,得到打开节气门的理想参数值,向驱动电路模块发送对应电压信号,节气门在驱动控制电动机作用下位于理想打开位置。在任意时间都可以通过节气门位置传感器对节气门位置进行监测,向 ECU 反馈节气门开度信号并形成闭环反馈控制。发动机处于怠速状态时,根据节气门踏板位置传感器向 ECU 发送的信号电压可得出:驾驶员未踩踏节气门踏板。运行怠速调节时,发动机 ECU 激活节气门驱动装置,电动机驱动节气门发生转动。节气门打开与关闭数量按照标准怠速转速值与怠速转速值的差值确定。两个节气门角度传感器向发动机 ECU 发送节气门瞬时位置,节气门单元中安装上述节气门角度传感器。驾驶员踩踏气节门踏板后,发动机 ECU 根据节气门踏板位置传感器传输信号对驾驶员踩踏节气门踏板的程度进行判断,即可得出车辆即将运行的状态,利用节气门电动机转运节气门至所需位置。除此以外,发动机 ECU 还可以对喷油时间与点火正时进行调节,通过两个节气门角度传感器对节气门所在位置进行判断,向发动机 ECU 发送该信息。在计算节气门应处的位置时,发动机 ECU 会考虑到额外的发动机扭矩需求。

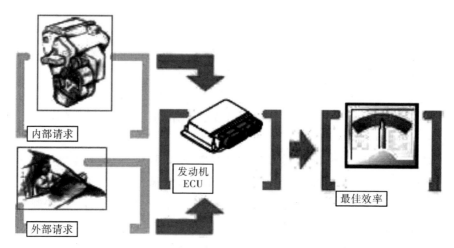

图 3.2 电子节气门控制系统发出请求流程

3.3.3 电子节气门控制系统的控制策略

1. 发动机扭矩控制

发动机控制系统收到内部扭矩与外部扭矩请求后生成额定扭矩,基于发动机负荷、转速及点火提前角等参数计算扭矩值。发动机 ECU 对比额定扭矩与实际扭矩,若这两个值有偏差,则发动机控制系统会对此进行调节,使这两个值相等。发动机 ECU 通过两条路径(第一路和第二路)对发动机扭矩加以控制。图 3.3 所示为发动机扭矩控制流程。

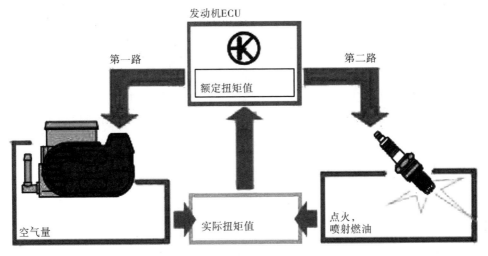

图 3.3　发动机扭矩控制流程

首先,是充气调节量的有效管理,通常称充气调节量为"一直有效的扭矩请求",其中,包括增压压力、节气门打度;其次,是短时间对扭矩影响的管理,该值对充气调节量不产生依赖性,其中,包括喷油时间、点火时刻及关闭某气缸等。

2. 自适应控制

为了确保系统运行状态较佳,电子节气门控制系统要运行初始化程序以便读取节气门最大打开与关闭状态值、无命令的位置及操作期间的改变位置,并在带电可擦除可编程只读存储器(Electrically Erasable Programmble Read Only Memory,EEPROM)中记下节气门初始化参数,以完成自适应控制记忆,以便在再次工作时能准确控制节气门的实际开度。电子节气门在更换 ECU、断电、清洗或更换节气门总成、计算机远程升级编码等情况下都需要进行初始化。

3. 工作模式选择控制

电子节气门控制系统可根据不同的行车需要进行不同工作模式的选择控制,使节气门对节气门踏板有不同的响应速度,通常有正常模式、动力模式和经济模式等。例如,在附着较差的工况下,采用动力模式,此时,节气门在驾驶员踩踏节气门踏板后响应周期长,发动机输出功率低于正常状态值,车轮打滑现象减少。

4. 海拔补偿

高海拔地区与平原地区相比空气稀薄，大气压力更低，氧气含量较低，直接影响发动机输出功率。电子节气门控制系统会自行按照大气压力和海拔的函数关系，对节气门开度进行补偿控制，以保证发动机的输出动力和节气门踏板位置保持稳定的对应关系。

5. 控制功能扩展

电子节气门控制系统作为发动机控制系统的一个功能模块，可通过增、减节气门开度来实现进气流量的调整，除了维持发动机运转所进行的控制以外，还执行关于进气控制的牵引力控制、车辆稳定控制（Vehicle Stability Control, VSC）、巡航控制及换挡缓冲控制等，实现信息共享和节气门开度的综合控制。

3.4 排放控制系统

汽车发动机排入大气中的有害成分主要是一氧化碳（CO）、碳氢化合物、氮氧化合物（NO_x）等。关于汽车发动机排放的控制和净化，各国都进行了大量的研究工作，除了对发动机本身进行改进之外，现代汽车还采取了多种排放控制系统来减少汽车的排气污染，主要有废气再循环（Exhaust Gas Return, EGR）控制系统、三元催化转化器与空燃比反馈控制系统、燃油蒸发排放控制系统、二次空气喷射控制系统等。

3.4.1 电子控制 EGR 系统

NO_x 是空气中的氮气与氧气在高温、高压条件下形成的。EGR 意味着一部分发动机废气返回进气歧管并与新鲜混合物混合后进入气缸进行燃烧。由于废气中 CO_2 含量高，热量被 CO_2 吸取而无法燃烧，因此会降低车辆气缸混合物燃烧温度，NO_x 排放量也随之下降。循环使用废气是减少 NO_x 排放的主要方法。

废气与进入的混合气可降低混合气热量，发动机有效功率下降。根据发动机运行条件，即根据发动机进气来控制 EGR 温度和负载，适当对进气歧管中的废气量加以控制，以减少排放到空气中的 NO_x，避免汽车发动机性能与正常运转受到影响。发动机运行时负荷增大，生成更多 NO_x，再循环废气量也随之增大。汽车发动机处于怠速状态或者冷却液温度低、负荷较小的情况下产生的 NO_x 少，不适用 EGR 方式，应让发动机运行处于稳定状态。在发动机负荷大，冷却液温度正常的情况下，NO_x 的产生量大，此时，应引入废气，并且随着发动机负荷的增加，引入的废气量也应增加。当发动机满负荷或高速运转时，为了使发动机具有足够的动力,不进行 EGR。

EGR 的量通过 EGR 阀实现自动控制。EGR 阀在 EGR 通道位置安装,并将 EGR 通道某一端与排气阀连接,进气管连接在另一端。打开 EGR 阀后,一些废气经过排气阀由 EGR 通道传送至进气阀/管,实现 EGR 操作;一旦 EGR 阀关闭,就终止 EGR。

再循环的废气量由 EGR 率表示,定义 EGR 率为进气总量中废气量所占的比值。机械控制装置的 EGR 率较小（5%~15%）,由于机械控制装置数量多,机械控制装置的使用受到限制。电子控制 EGR 控制系统不仅结构简单,而且可实现较大的 EGR 率（15%~20%）。

1. 普通电子控制 EGR 系统

普通电子控制 EGR 系统由 EGR 阀、控制电磁阀及相应的废气管道和真空管道组成。ECU 根据节气门位置传感器、曲轴位置传感器、点火开关和冷却液温度传感器等输入的信号判断发动机运转工况,并使控制电磁阀通电或断电。当 ECU 给控制电磁阀通电时,开启控制电磁阀,利用真空通道传输进气管真空度至 EGR 阀隔膜室,并开启 EGR 阀,部分废气通过 EGR 进入进气歧管。当 ECU 控制 EGR 阀开闭时,则阻塞传输至 EGR 阀隔膜室所需的真空通道并关闭 EGR 阀,不执行 EGR。

当发动机处于以下工况时取消 EGR:在发动机起动状态下,由于冷却液温度低于 50 ℃,节气门位置传感器的怠速位置打开,发动机以低速（转速小于 1 000 r/min）和小负荷运行,因此,发动机高速运转（转速大于 4 500 r/min）时突然加速或减速。

控制电磁阀主要由阀体、阀芯、弹簧和电磁线圈组成。当控制电磁阀的电磁线圈通电时,阀芯由弹簧紧固,空气阀口关闭,进气歧管与 EGR 阀真空室连通;当控制电磁阀的电磁线圈未通电时,阀芯处于磁场中,在力的作用下,真空通道被切断,此时,空气阀口打开,EGR 阀的真空室向空气开放。

2. 可变 EGR 率 EGR 系统

可变 EGR 率 EGR 系统的工作原理,是根据由发动机台架试验确定的 EGR 率与发动机转速和进气量之间的对应关系,将相关数据存储在发动机 ECU 的只读存储器中。当发动机工作时,ECU 根据各种传感器发送的信号确定发动机的工作条件,再检查表格、计算校正并输出适当的命令之后,控制 EGR 阀的开度以调节 EGR 率。

可变 EGR 率 EGR 系统主要由 EGR 阀、VCM 真空控制阀、ECU 和各种传感器组成。EGR 阀中有隔膜,隔膜可以在弹簧的作用下上、下移动,隔膜两侧的气压值也可以上下浮动。当隔膜移动时,其下方的锥形阀可以同时移动,以关闭或打开 EGR 阀;当 EGR 阀打开时,EGR 阀连接排气管和进气管,并且废气从排气管流入。另外,EGR 阀的打开高度由 VCM 真空控制阀控制。

发动机工作时,ECU 向 VCM 真空控制阀提供不同占空比的脉冲信号,通过控制 VCM 真空控制阀相对通电时间来控制 EGR 阀膜片室的真空度,调整 EGR 阀的实际开度,实现对 EGR 率的调节。脉冲信号占空比与电磁线圈通电时间成正比,与膜片室真空度成反比,通电时间越长,则膜片室真空度越低,EGR 率越低。ECU 通过有效控制 VCM 真空控制阀电磁线圈上的脉冲信号占空比即可实现对 EGR 率的控制。

3. 闭环控制 EGR 系统

上述两种形式的电子控制 EGR 系统是开环控制,并且无法对发动机处于其他运行状态时产生的实际 EGR 率进行检测,只能使用预设 EGR 率。目前,在更为先进的电子控制 EGR 系统中,广泛采用了闭环控制方式,闭环控制 EGR 系统以 EGR 率或 EGR 阀的开度作为反馈信号进行闭环控制。

(1)以 EGR 阀开度为反馈信号。与普通的电子控制 EGR 系统相比,用于检测 EGR 阀开度的 EGR 位置传感器被添加到 EGR 阀。电位计型 EGR 位置传感器转换 EGR 阀开度为对应电压信号,再向 ECU 输入。ECU 在反馈信号的基础上对 VCM 真空控制阀的运行状态进行控制,实现对 EGR 阀隔膜室真空度的调节,并调整 EGR 率。

(2)以 EGR 率为预设反馈信号。闭环控制 EGR 系统直接使用 EGR 率作为预设反馈信号,EGR 率传感器安装在稳压罐(进气歧管)上,可测量混合气中的氧浓度以检测 EGR 混合物的速率,并将检测信号反馈到 ECU 中。ECU 根据该信号发送控制命令并连续调节 EGR 阀的开度,以控制 EGR 混合物的 EGR 率,使其保持在最佳状态。

3.4.2 三元催化转化器与空燃比反馈控制系统

三元催化转化器(Three Way Catalytic Converter,TWC)位于排气管中间的消声器上,其功能是利用含有铂(Pt)、钯(Pd)、铑(Rh)等贵重金属的催化剂在 300 ℃ ~900 ℃ 的温度下将发动机排出废气中的 NO_x、碳氢化合物、CO 这些有害气体转化为无害气体,从而实现对废气的净化。

1. 三元催化转化器的结构原理

三元催化转化器一般由金属外壳、隔热减振衬垫、催化剂载体和催化剂组成。催化剂载体一般由陶瓷制成(也有金属的),可分为颗粒形和蜂巢形两种类型。三元催化剂(铂或钯和铑的混合物)涂附在很薄的孔壁上。颗粒形催化剂载体将催化剂沉积在颗粒状氧化铝载体的表面上,蜂巢形催化剂载体将催化剂沉积在蜂巢状氧化铝载体表面。作为催化剂载体的氧化铝,其表面形状复杂,可增加催化剂与废气的实际接触面积。当废气通过时,三元催化转化器使用铂(或钯)作为催化剂来氧化废气中的 CO 和碳氢化合物;同时,又利用铑作为催化剂还原 NO_x,生成 CO_2、H_2O、N_2 等。

2. 氧传感器

氧传感器安装在发动机排气管上,其作用是通过监测排气中氧离子的含量来获得混合气的空燃比信号,并将该信号转变为电信号输入 ECU。ECU 根据氧传感器信号,对喷油时间进行修正,实现空燃比反馈控制(闭环控制),从而将空燃比控制在理论值(14.7)附近,使发动机得到最佳浓度的混合气,从而降低有害气体的排放和节约燃油。

氧传感器主要分为氧化锆(ZrO_2)型与氧化钛(TiO_2)型,其中,氧化锆型氧传感器应用较多。

氧化锆型氧传感器可分为加热与非加热两种,通常氧化钛型氧传感器属于加热型。氧化钛型氧传感器不易腐蚀,成本较低,成为更多汽车的首选。

(1)氧化锆型氧传感器。锆管的陶瓷体是多孔的,空气中的氧离子在二氧化锆固体电解质中容易通过,当这些电解质的表面与内部之间氧气的浓度不同(即存在浓度差)时,氧气浓度高处的氧离子就会向氧气浓度低的一侧扩散,以求达到平衡状态。当固体电解质表面设置集中用多孔电极之后,在其两个表面之间就可得到电动势 E。因为氧化锆管内侧与氧离子浓度高的大气相通,外侧与氧离子浓度低的排气管相通,且氧化锆管外侧的氧离子随可燃混合气浓度的变化而变化,所以当氧离子在氧化锆管中扩散时,氧化锆管内、外表面之间的电位差将随可燃混合气浓度的变化而变化,即氧化锆管相当于一个氧浓度差电池,传感器的信号源相当于一个可变电源。

(2)氧化钛型氧传感器。二氧化钛在常温下是一种高电阻的半导体,但表面一旦缺氧,其晶格便出现缺陷,电阻便随之减小。同时,其电阻也与环境温度有关。氧化钛型氧传感器就是利用二氧化钛材料的电阻值随排气中氧含量的变化而变化的特性制成的,故又称电阻型氧传感器。

二氧化钛材料的电阻具有随氧离子浓度的变化而变化的特性。因此,氧化钛型氧传感器的信号源相当于一个可变电阻。当发动机的可燃混合气浓时(空燃比小于 14.7),排出的废气中氧离子含量较少,氧化钛管外表面只有少量氧离子,二氧化钛材料呈现低阻状态。与此同时,在催化剂铂的催化作用下,剩余氧离子与排气中的 CO 产生化学反应,生成 CO_2,将排气中的氧离子进一步消耗掉,从而大大提高了传感器的灵敏度。当发动机的可燃混合气稀时(空燃比大于 14.7),排出的废气中的氧离子含量较高,氧化钛管外表面的氧离子浓度较大,二氧化钛材料呈现高阻状态。

由此可见,氧化钛型氧传感器的电阻将在混合气的空燃比约为 14.7 时产生突变。当由ECU内部的稳压电源给氧化钛型氧传感器提供稳定的电压时，在其输出端便可得到一个交替变化的电压信号。当输出端子上的电压大于参考电压时，ECU判定混合气过浓；当输出端子上的电压小于参考电压时，ECU判定混合气过稀。通过ECU的反馈控制，可保持混合气的浓度在理论空燃比附近。在实际的反馈控制过程中，二氧化钛型氧传感器与ECU连接的端子上的电压也是在0.1~0.9 V范围内不断变化，这一点与氧化锆型氧传感器是相似的。

当发动机处于正常工作温度时，如果氧传感器不能输出与混合气浓度相应的电压，则证明发生故障并需要更换。氧传感器发生故障的原因通常有两个：第一，已到达使用年限；第二，颗粒物质如烟灰、铅、硅胶和发动机油黏附到铂电极表面，导致铂电极逐渐失效。氧传感器失效会导致混合气过浓或过稀，产生怠速不稳、油耗过大、排放超标等故障，此时发动机自诊断系统将点亮汽车仪表板上的发动机故障指示灯，提示要立即检修。虽然大多数氧传感器没有建议的更换周期（即视情况更换），但反应迟钝的氧传感器应当更换。非加热的1线或2线氧传感器通常每当车辆行驶50 000~80 000 km后更换一次，加热的3线或4线氧传感器每当车辆行驶100 000 km后更换一次。对于OBD-Ⅱ型氧传感器，大约每当车辆行驶160 000 km后更换一次。

（3）宽量程氧传感器。目前，用于减少车辆排放的三元催化转化器要求将空燃比控制在14.7左右的窄范围内，这是以牺牲燃料经济性为前提的。1994年，在丰田汽车公司首次使用稀薄燃烧技术之后，现代汽车发动机已越来越多地使用稀薄燃烧技术。对于稀薄燃烧系统，氧传感器需要在宽范围的空燃比（$15 \leq A/F \leq 23$）内连续检测车辆的氧气浓度，以便在很宽的范围内控制空燃比。氧气浓度电池型传感器广泛应用于整个稀薄燃烧区（$A/F > 17$）的三元催化转化器，只有当极低电压信号和小信号变化，曲线平滑时，仅用于理论空燃比附近的反馈控制才具有高精确度，它不适合控制稀薄燃烧范围内的空燃比，因此，极限电流型氧传感器等宽量程氧传感器引起了国内外研究者的广泛关注。

宽量程氧传感器不同于传统氧传感器，它产生的不是阶跃函数性质的响应，而是连续递增的信号，工作曲线比较平滑，因此，它能够在一个值域内进行控制，控制精确度高。

对于稀薄燃烧系统，极限电流型氧传感器能够在宽范围的空燃比下连续检测车辆的氧气浓度，从而在宽范围的稀薄条件下控制空燃比。对于整个浓燃烧和稀薄燃烧范围的空燃比控制，浓空燃比控制和稀空燃比控制组合的双电池极限电流型氧传感器具有优势，并且是一种广域氧传感器，具有极宽的检测范围。稀薄燃烧系统逐渐成为汽车发动机空燃比反馈控制系统的主流，这将促进极限电流型氧传感器和双电池极限电流型氧传感器的快速发展。

3.4.3 燃油蒸发排放控制系统

燃油蒸发排放控制系统也称为汽油蒸气控制回收系统，用于收集燃油箱中的汽化燃油蒸气并将燃油蒸气引入气缸以参与燃烧，从而防止燃油蒸气直接排入空气中并造成污染。

燃油蒸发排放控制系统的组成与结构随生产厂家和生产年代的不同而不同。早期的燃油蒸发排放控制系统多利用真空进行控制，而现在多采用发动机 ECU 进行控制。之所以有这样的变化，是因为必须对燃油蒸发进入发动机进气管的时机和进入量进行控制，以避免破坏发动机正常工作时的混合气成分，影响发动机正常工作，采用发动机 ECU 能够更加精确地控制燃油蒸发进入发动机进气管时机和进入量。

由真空控制的燃油蒸发排放控制系统在燃油箱盖上只有一个空气阀，没有蒸气排放阀。排气管和止回阀布置在碳罐和燃油箱之间。当燃油箱中的燃油蒸气超过一定压力时，单向阀打开以通过排气管进入碳罐，碳罐中的活性炭吸附燃油蒸气。当发动机工作时，碳罐中的燃油蒸气通过定量排放孔和吸入管被吸入进气管。碳罐的上端设有真空控制阀，真空控制阀为隔膜阀，控制阀用于控制定量排放孔的打开和关闭。真空控制阀和进气管之间的真空管路设置有由 ECU 控制的电磁阀，用于调节真空控制阀上方的真空室的真空度，改变真空控制阀的开度，从而控制被吸入进气管的燃油蒸气量。为了防止碳罐中的燃油蒸气被吸入进气管以使混合物更浓，在碳罐下方设置进气过滤器并与空气连通，使部分清洁空气被吸入空气。

3.4.4 二次空气喷射系统

二次空气喷射系统是将一定量的新鲜空气经空气喷管喷入排气管或三元催化转化器中，使废气中的 CO 和碳氢化合物进一步氧化或燃烧成为 CO_2 和 H_2O，以减少 CO 和碳氢化合物的排放。为了区别发动机的正常进气，把这种将新鲜空气喷入排气管的过程称为二次空气喷射。二次空气喷射是减少污染物排放的最早使用的办法，在采用三元催化转化器以后，这一方法仍然被采用。

二次空气喷射有两种方法：一是采用空气泵系统，即利用空气泵将压缩空气导入排气系统；二是采用脉冲空气系统，即利用排气压力将空气导入排气系统。

3.5 缸内直接喷射系统

发动机开发的主要目标是尽可能地降低燃油消耗和废气排放。一个闭环三元催化转换器可以最多降低99%的碳氢化合物、NO_x和CO含量。然而,目前只能通过降低燃油消耗量来减少燃烧生成的会产生温室效应的CO_2。但是,要在进气歧管喷射系统中实现这一目标几乎是不可能的,缸内直接喷射系统可以完成进气道喷射系统不能完成的任务。与带进气道喷射系统的同类发动机比较,带缸内直接喷射系统的发动机最多可节省15%的燃油。

目前,世界各大汽车制造企业纷纷推出各自的缸内直喷发动机,如三菱公司的GDI(汽油缸内直喷)、通用公司的SIDI(点燃式缸内直喷)、宝马公司的HPI(高压缸内直喷)、大众公司的FSI(燃油分层喷射)、丰田公司的D-4S、保时捷公司的DFI(直接燃油喷射)等。这些缸内直喷发动机技术先进,且各有特点。

3.5.1 缸内直接喷射系统的工作原理及特点

缸内直喷汽油发动机类似缸内直喷柴油发动机。安装在燃烧室中的喷油器直接将汽油喷射到燃烧室中,空气通过进气门进入燃烧室,与汽油混合,形成混合物,这是实现稀薄燃烧的理想方式。缸内直接喷射的关键技术是稀薄燃烧技术。

1. 稀薄燃烧

目前,为了降低汽车排放污染,发动机普遍采用空燃比闭环控制加三元催化转化器,其要求空燃比为14.7,以牺牲燃油经济性为代价。人们在发动机环保性与动力性等方面提出更高要求,可变气门技术与增压技术已经难以达到要求,因此,曾在20世纪80年代风行一时的汽油机稀薄燃烧问题被再次提出。

从理论上来说,空燃比大于理论空燃比14.7时的燃烧即稀薄燃烧。传统汽油发动机(包括传统化油器汽油发动机和大部分进气道喷射汽油发动机)为保证各缸不失火,混合气不能太稀,空燃比的范围为12.6~17,其混合气是均质的。稀薄燃烧是一个范围很广的概念,只要空燃比大于17,就可以称为稀薄燃烧。在稀薄燃烧的条件下,爆燃不易出现,能榨取汽油的全部能量。稀薄燃烧技术的优势在于具有更高的燃烧效率、可提高发动机的输出功率、经济性好(达到甚至超过了柴油发动机)、环保。

根据燃烧供给方式划分,稀薄燃烧方式可分为3种,分别为进气道喷射(Port Fuel Injection,PFI)分层稀薄燃烧、缸内直喷(Gasoline Direct Injection,GDI)稀薄燃烧、均质混合气压燃(Homogeneous Charge Compression Ignition,HCCI)。目前,均质混合气压燃汽油机的商品化还没有成功的先例,因此,以下仅就进气道喷射分层稀薄燃烧和缸内直喷稀薄燃烧进行简要分析。

1)进气道喷射分层稀薄燃烧

为了保证可靠点火,点燃式稀薄燃烧汽油发动机在点火瞬间火花塞周围必须形成易于点燃的空燃比为12~13.5的混合气,这就要求混合气在气缸内非均匀分布。要实现混合气的非均匀分布，必须使混合气在气缸内分层。进气道喷射分层主要通过对进气系统的合理配置，依靠气流的运动（涡流分层和滚流分层）结合适时的喷油来实现。为了适应稀薄燃烧，必须提高压缩比、增大等熵指数，为此，进气道喷射分层稀薄燃烧发动机在结构上有相应的改进，如采用高压缩比燃烧室、采用四气门结构、采用可变配气相位机构、加装燃烧压力传感器、用稀薄混合气传感器取代氧传感器等。

进气道喷射分层稀薄燃烧汽油发动机通常只能在空燃比小于25的范围内工作，并且具有燃料经济性差和排放高的缺点。更严重的是，进气道喷射的固有缺点也会影响发动机性能。进气道喷射分层稀薄燃烧汽油机在 0.3~0.5 MPa 的压力下将汽油以较大的油滴（直径为 150~300 mm）喷向进气门的背部和进气口附近的壁面上，只有少量的汽油能够在油滴到达壁面形成油膜之前直接在空气中蒸发，汽油的蒸发和与空气的混合主要依靠进气门和进气道壁面的高温以及进气门打开时灼热的废气倒流和冲击。这种混合气形成方式在发动机稳定工况下尚可满足要求，但在变工况和发动机冷起动时汽油的蒸发和油气混合严重不足，不得不过量喷油，从而造成大量未燃碳氢化合物经排气门进入三元催化转化器。由此可以看出，进气道喷射分层稀薄燃烧汽油发动机仍没有从根本上完全摆脱传统的混合气外部形成方式，并依然存在冷起动和暖机时碳氢化合物排放量大的问题。

2）缸内直喷稀薄燃烧

缸内直喷稀薄燃烧汽油发动机分为3种模式——均质稀混合气模式、分层充气模式及均质混合气模式，应根据所在条件选择相应的模式。

随着空燃比的增加，由于混合气较为稀薄，均质混合气燃烧速度慢，甚至无法燃烧，导致燃烧稳定性差，使油耗和碳氢化合物排放量增加。为了提高稀薄燃烧阈值，使用分层充气燃烧方式，确保当空燃比大于20时，在火花塞附近出现可燃烧的高浓度可燃混合气。当空燃比 12~15 时，燃烧室中绝大多数为空气或者稀薄的混合气，发动机燃烧室按照一定组织方式根据浓度将混合气划分为不同等级。分层充气汽油发动机可以在空燃比为 20~25 的范围内稳定地运行，并且空燃比的稀薄极限已经增加到40甚至更高。分层充气模式是缸内直喷发动机实现稀薄燃烧的主要方式，也是非常重要的改进燃油经济性的方式之一。

（1）混合气的分层。缸内直喷发动机根据气流运动状态、燃烧室形状及喷雾状态形成燃烧需要的分层混合气。根据气体混合物分层的机理，缸内直喷发动机的分层燃烧系统（如进气道的形状和朝向、进气门及其升程、气流控制元件和活塞顶部凹坑等，以及喷油器的类型、油束形状、安装位置、朝向以及喷油压力等。点燃混合气的火花塞对燃烧过程也十分重要，也可纳入燃烧系统）形成分层混合气通常可分为3种形式：喷射油束引导、壁面引导和气流引导。它们在混合气的形成及其向火花塞的输送以及充量运动的产生等方面的设计思想存在着很大的不同。喷油器和火花塞的空间布置不仅影响气缸盖的结构，而且影响形成可燃混合物的时间和面积，从而对燃烧过程产生重大影响。

① 喷射油束引导。喷油器和火花塞的位置较近，喷油器一般位于气缸中心，火花塞位于燃油喷束的边缘。其特点是火花塞周围容易形成较浓的混合气，同时主要采用强的涡流来保持分层混合气的稳定性。

② 壁面引导。喷油器与火花塞距离较远，火花塞一般布置在气缸中心，主要是利用特殊的活塞凹坑形状配合气体滚流运动，将燃油蒸气导向火花塞并在火花周围形成浓度合适的混合气。

③ 气流引导。喷油器与火花塞距离较远，火花塞一般布置在气缸中心，综合利用进气道和活塞表面，在气缸内形成滚流与涡流相结合的气流运动来实现混合气分层。

在实际的发动机燃烧系统中，以上3种混合气分层形式不能截然分开，而是两种或三种组合在一起，只是每一种形式的权重不同而已。

（2）缸内流场。在进气行程和压缩行程中，缸内瞬时流场的组织是缸内直喷发动机燃烧系统的关键。用来产生混合气分层的缸内流场主要有进气滚流和进气涡流两种。进气滚流是进气空气通过进气道的导向而在气缸中形成的绕垂直于气缸中心线的轴线旋转的充量运动。进气涡流是进气空气通过进气道的导向而在气缸中形成的绕气缸轴线旋转的充量运动，与缸内直喷柴油发动机的情况类似。进气涡流适用于分层混合物和均匀混合物的形成。发动机的基本结构在选择燃气流量方案中起决定性作用，这取决于燃烧系统的布置方式及燃烧过程的组织如何有利于协调三者之间的相互作用。在四气门汽油发动机上，若气门的夹角较大，则有利于使用由滚流支持的直喷燃烧过程；当气门夹角较小时则采用由涡流支持的直喷燃烧过程。对于双气门汽油发动机，则应选择大多数涡流支持的直喷燃烧过程。

（3）喷油器与火花塞的相对位置。对于缸内直喷发动机，不仅需要优化燃油喷射、气流运动和燃烧室的形状，还需要考虑喷油器和火花塞之间的空间相对位置、喷射时间和点火正时。从现有的缸内直喷发动机燃烧系统的角度来看，火花塞和喷油器的相对位置可以分为两种类型：近距离布置（或窄空间布置）和远距离布置（或宽空间布置）。近距离布置时，在燃烧室中心位置安装喷油器，在喷射锥边缘位置安装火花塞。远距离布置时，喷油器远离火花塞，延长了混合物在时间和空间上的历时，有利于燃料蒸发。通常，在近距离区域安装喷油器与火花塞的燃烧系统导致分层混合物无法正常蒸发，造成火花塞中累积大量碳而出现喷头变形等问题，点火也受到直接影响，火花塞使用寿命大打折扣，因此，大部分商业化缸直喷发动机采用远距离安装喷油器与火花塞的燃烧系统。

(4) 混合气控制策略。在中小负荷工况下，燃油于压缩行程后期喷入，这时气缸内形成分层稀薄混合气，以减少泵气损失、增大体积热容、提高热效率，力求达到与缸内直喷柴油发动机相当的燃油经济性。在大负荷和全负荷工况下，喷油是在进气行程早期进行的，燃油能够在较长的时间内完成蒸发扩散，根据运行工况的需要，实现均质稀薄混合气燃烧（过量空气系数为 1.3~1.4）或均质混合气燃烧（过量空气系数为 1.0）或均质加浓混合气（过量空气系数小于 1.0），以保持缸内直喷汽油发动机升功率高、动力性好的优点。

总之，稀薄燃烧不一定是通过直喷在气缸中实现的，但缸内直喷发动机必须采用稀薄燃烧技术，稀薄燃烧技术是缸内直喷的关键技术。

2. 结构与性能特点

迄今为止，汽油发动机的发展历经 3 代，传统化油器汽油发动机和进气道喷射汽油发动机都是在气缸外形成可燃混合气，然后进入气缸内燃烧。而缸内直喷发动机则将燃油直接喷入气缸，利用缸内气流运动、燃油喷射雾化、燃烧室表面引导形成可燃混合气后进行稀薄燃烧，具有节省燃油、减少废气排放、提升动力性能等优点。缸内直喷发动机采用稀薄燃烧技术，压缩比高、燃烧温度高、气缸压力大，与进气道喷射发动机相比，发动机的机械部分、进/排气系统、燃油喷射系统、点火系统等方面均有较大的改进，与传统发动机有一定的区别。

1）结构特点

（1）燃油喷束、气流运动和燃烧室形状。如何有效而稳定可靠地实现部分负荷时缸内混合气的分层与稀薄燃烧是缸内直喷发动机成功的关键，其重点是必须在不同的发动机负荷（喷油持续时间）和转速（活塞速度）下协调喷射油束、活塞顶燃烧室凹坑几何形状和充量运动三者之间的关系，确保在火花塞附近及时、可靠和稳定地形成数量足够和品质良好的可燃混合气。

（2）燃油喷射系统。因为不仅要实现高负荷时在进气行程期间的喷射，还要满足部分负荷时在压缩行程后期即活塞接近上止点时的喷射要求，所以，缸内直接喷射方式对燃油喷射系统的要求要明显高于进气道喷射方式，其喷油压力需达到 12 MPa。高压燃油泵和喷油器是缸内直喷发动机机的重要部件，特别是喷油器的喷雾品质是保证良好混合气形成，以实现分层与稀薄燃烧的关键之一。

共轨式高压燃油缸内直接喷射系统是目前缸内直喷发动机应用最为广泛的一种燃油喷射系统，其工作原理与当今柴油发动机使用的高压共轨喷油系统相同，只是燃油共轨压力要低得多。这种缸内直接喷射系统将燃油的高压产生与油量计量两大基本功能分离，分别由燃油泵和喷油器承担，特别适合缸内直喷发动机根据负荷在进气和压缩行程实现分层混合气和均质混合气转换的需要，为燃油喷射系统与充量运动和燃烧过程的匹配提供了极大的自由度。因此，缸内直喷汽油发动机几乎都采用这种共轨式高压燃油缸内直接喷射系统。

(3) 电子控制系统。燃油喷射系统必须在部分负荷下形成分层混合物，而在高负荷和满负荷下形成均匀混合物，并在两种操作模式之间进行瞬态转换，且响应快、转换平稳，因此，缸内直喷汽油发动机对燃油喷射系统和发动机电子控制系统提出了很高的要求，必须特别配备吸附式 NO_x 催化转化器和低硫汽油。

缸内直喷汽油发动机基于性价比和使用条件的考虑，有的机型已开始采用在所有运行工况下全部以均质混合气燃烧运行，这样一来发动机的电子控制系统就简单得多，也无须应用吸附式 NO_x 催化转化器以及低硫汽油，ECU 和三元催化转化器基本上可与进气道喷射机型通用，成本要明显低于以分层混合气燃烧运行的机型，只是其油耗略为逊色，但仍比进气道喷射汽油发动机低 6%。大众公司在我国大连生产的缸内直喷汽油发动机也就是因为我国市场目前暂时无法供应低硫汽油的实际情况而将原来的分层混合气燃烧过程改为均质混合气燃烧过程。

2) 性能特点

(1) 缸内直喷发动机将燃油直接喷入气缸，油滴的蒸发主要依靠从缸内空气中吸热，而非从壁面吸热，因此能起到冷却充质的效果使混合气的温度降低和体积减小，从而有利于抑制爆燃倾向、提高压缩比，并且有利于提高充气效率。与进气道喷射发动机相比，缸内直喷发动机机的充气效率提高了 10%，而爆燃倾向的降低表现在受爆燃限制的点火时刻可提前若干曲轴转角，因此压缩比可提高 2，达到 14（进气道喷射发动机压缩比已难突破 10，还需要使用 97 号汽油），有利于提高发动机的热效率，降低油耗约 2%。如果增装涡轮增压系统，充气效率将进一步提高，空气密度加大，氧气含量提高，燃烧条件进一步改善，动力性、经济性和净化性将明显提高。

(2) 燃烧充分，有害物（特别是碳氢化合物）的排放量较低。缸内直喷发动机可解决进气道喷射发动机变工况和冷起动时油气混合不足、碳氢化合物排放量较高的问题。早期的缸内直喷发动机因喷射技术水平的限制，喷雾油滴的直径约为 80 μm，一滴这样大小的油滴在 200 ℃ 的空气中需要大约 55 ms 才能完全蒸发。显然，蒸发时间过长，油气混合不能主要依靠喷雾来实现。随着燃油喷射技术的进步，缸内直喷发动机应用的燃油泵的供油压力已达到 12 MPa，又采用带旋流的喷油器，雾化性能得以提高，喷雾的油滴直径约为 20 μm，喷雾锥角可达 100°，常压下的贯穿度约为 100 mm。此时，直径为 2 μm 的油滴在同样的情况下仅需 3.4 ms 即可完全蒸发，因此燃油的蒸发和与空气的混合主要依靠喷雾来实现，再加上缸内空气运动的辅助，对温度的依赖较弱，变工况和冷起动时不再需要过量喷油，燃油能充分燃烧，有害物特别是未燃碳氢化合物的排放量也将大为降低。

(3) 泵气损失小，热效率高。由于燃油直接喷入气缸内，可实现稀薄混合气分层燃烧，使中小负荷工况下的空燃比提高 40% 以上，从而采用像柴油发动机那样的质调节方式，利用喷入缸内的燃油数量调节负荷大小，不需要关闭小节气门来限制进气量，可以显著改善中小负荷工况下的采气损失（减小15%左右），有利于降低燃油消耗。在空燃比较大的条件下，混合气的物理性质发生改变，混合气出现分层，从而提高了发动机热效率。一般情况下，发动机运行于低负荷环境下，采用分层混合燃烧的缸内直喷发动机可将平均燃料消耗降低20%。

除此之外，其他优点还有：随着燃油和空气混合更充分，燃烧更彻底，发动机的动力性能得到改善；在相同的排量下，最大功率可以增加15%；燃油直接喷射到气缸中，每个气缸的空燃比可以精确且相对独立地控制，因此可以提高每个气缸的运行均匀性；燃油直接喷入气缸，因此，发动机基本上可以在第二个工作循环中正常运行（进气道喷射发动机需要至少10个循环才能点火），具有良好的瞬态响应、快速冷起动性能和快速响应。

缸内直喷汽油发动机具有柴油发动机的经济性并保持了汽油发动机的特性，并且相对于技术成熟的进气道喷射发动机具有显著优点。但是，缸内直喷发动机也存在着中、小负荷时碳氢化合物、NO_x排放较多、颗粒排放增加等缺点，排放、燃烧稳定性等方面的问题限制了它的普遍应用。目前，缸内直喷技术完全替代进气道喷射技术仍存在一些技术挑战。

3.5.2 缸内直接喷射系统的基本组成

缸内直接喷射系统的核心组成部分包括燃油喷射系统、进气系统及排气后处理系统。先进的电控缸内直接喷射系统使发动机能在不同模式下运行并在分层混合气燃烧与均质混合气燃烧之间平顺转换。本节以 BOSCH 缸内直喷系统模型为例，介绍各相关系统的基本结构特点和工作原理。

BOSCH 公司在 ME7 型进气道喷射汽油发动机电控系统的基础上，专门为缸内直喷汽油发动机开发了 Motronic MED7 型电控缸内直接喷射系统。它与旧型号的主要区别在于为汽油直接喷射集成了控制高压喷油器的驱动级。这种高压燃油喷射系统是一种共轨蓄压式燃油喷射系统，燃油能够按 ECU 的指令在任何时刻以所需要的压力由喷油器精确计量并直接喷入气缸，而所要求的发动机输出扭矩值（即负荷大小）是由 ECU 根据节气门踏板位置传感器发出的信号调节喷油量来实现的。为了使发动机能够实现分层混合气燃烧与均质混合气燃烧两种运行方式，必须将进气量调节与节气门踏板调节（负荷调节）分开，以便能够在低负荷工况下使节气门全开，实现发动机无节流运行，而在高负荷工况下又能用电子节气门调节进气空气量。进气空气量可由电子节气门自由调节，并用热膜式空气流量传感器来精确测量。混合气空燃比控制由一个宽量程氧传感器来实现，进行过量空气系数为1的均质混合气燃烧或分层混合气燃烧的调节，以及吸附式 NO_x

催化转化器再生的精确控制。为了减小发动机的 NO_x 排放量,应尽可能采用高的 EGR 率,因此采用一个进气管压力传感器进行 EGR 的检测。

1. 进气系统

装配 Motronic MED7 型电控缸内直喷系统的发动机的进气系统组成部分主要有电子节气门、热膜式空气流量传感器、EGR 阀、进气管压力传感器及进气滚流阀等。其中,与进气道喷射发动机相似的部件为电子节气门、热膜式空气流量传感器、EGR 阀及进气管压力传感器。

有的发动机采用双进气道可切换式进气歧管,可提高发动机的输出功率和扭矩。进气歧管是否切换取决于发动机负荷、发动机转速和冷却液温度。双进气道可切换进气歧管的下部用螺栓固定在燃油管上。进气歧管内有 4 个翻板,4 个翻板由伺服电动机通过公共开关轴驱动。电位计集成在伺服电动机上,向发动机 ECU 反馈翻板所在区域。进气歧管翻板对形成混合气过程与排放量有一定影响,其由车载诊断(On-Board Diagnostic,OBD)系统监测。

在分层混合气燃烧和均质混合气燃烧模式下,进气歧管翻板关闭进气歧管的下半部分,吸入的空气通过涡旋板的上方引入燃烧室;在均质混合气燃烧模式下,进气歧管翻板打开,吸入的空气通过涡旋板上、下方的通道引入燃烧室。

2. 燃油喷射系统

缸内直喷发动机机对燃油喷射系统提出的主要要求是必须使燃油压力产生过程与计量喷射过程完全脱钩。共轨蓄压式燃油喷射系统的控制自由度更高,可最大限度地达到上述要求,可在任意时间利用喷油器将存储在共轨中达到运行工况所要求压力的燃油精确计量直接喷入燃烧室。

燃油喷射系统的组成部分包括电动燃油泵、高压燃油泵、燃油共轨、共轨压力调节器、共轨压力传感器和喷油器等,可分为低压燃油系统和高压燃油系统。低压燃油系统指高压燃油泵与电动燃油泵之间的油路系统,而高压燃油系统指高压燃油泵和高压燃油喷油器之间的油路系统。

工作时,首先,燃油箱内的电动燃油泵产生 300 kPa 的燃油压力,并根据需要向发动机直接驱动的高压燃油泵供油,燃料的共轨压力达到 12 MPa。喷油器直接连接到燃料共轨上,由 ECU 发出的控制信号来确定喷油始点和喷油量。通过燃油压力传感器收集燃油共轨内燃油压力,根据在燃油共轨上安装的油压调节器对燃油喷射图确定的压力值进行调节。油压调节器获取实际负荷值,对燃油共轨横截面与回油管路加以调节,以控制回油。

1)电动燃油泵

电动燃油泵提供发动机运转所需要的相应数量的低压燃油并根据需要调节系统压力,通常采用与进气道喷射发动机一样的燃油泵,主要由直流发电机和油泵构成。电动燃油泵按照油泵的基本原理与结构划分为多种形式,主要有涡轮式、齿轮式及滚柱式等。

2）高压燃油泵

高压燃油泵的任务是将来自低压油路 350 kPa 的燃油压力提高到 12 MPa 甚至 20 MPa 并送入燃油共轨，其平均供油量是喷油器的 2 倍左右，并要求泵油流量变化小，以减小燃油共轨中的燃油压力波动。高压燃油泵有轴向柱塞泵式、径向柱塞泵式和直立柱塞泵式 3 种。

径向柱塞式高压燃油泵的柱塞经滑动底座支承在凸轮上，进油阀直接集成在柱塞副上方。由于 3 个柱塞径向均匀布置，对驱动轴的径向作用力可部分抵消，长度较小，可由凸轮轴直接驱动，因此该类型的高压燃油泵在运行效率与使用寿命上更有优势，是现代缸内直喷发动机中使用最广泛的高压燃油泵。

3）燃油共轨

燃料共轨是管状铸铝件，其接头连接到高压燃油泵、喷油器、油压调节阀和燃油压力传感器，目的是为喷油器合理分配燃油压力，给予较大体积空间用于补偿燃油压力波动。

燃油分配管（轨）是高压存储器，也是喷油器、燃油压力传感器等部件的安装支架以及高、低压燃油系统的连接部分。燃油共轨蓄压容积的设计遵循这样的准则：一方面，要求具有较大的蓄压容积，以便能抑制向喷油器周期性供油所引起的燃油压力波动以及高压燃油泵供油的波动性，尽量保持燃油共轨的燃油压力平稳；另一方面，要求具有尽量小的蓄压容积，以便燃油共轨能够足够迅速地建立起发动机运转所需要的燃油压力。一般来讲，就排量为 2.2 L 的缸内直喷发动机而言，燃油共轨蓄压容积为 45 mL 较为合适。

4）共轨压力调节器

燃油共轨上安装有共轨压力调节器，其功能是在发动机运行区间调节共轨压力（通常为 4~11 MPa），而与高压燃油泵的供油量和喷油器的喷油量无关，这是通过调节其节流阀和阀座之间的横截面积控制回油体积流量来实现的。

节流阀上的电磁线圈激励电压与电磁力处于动态平衡状态，激励电流与共轨压力间具有直接关系，通过脉宽调制信号对电磁线圈内的激励电流进行控制，实现对共轨压力的调节。该方式生成的磁衔铁在强制振动下不存在摩擦力，也不存在滞后问题，因此，共轨压力调节器对共轨压力调节的准确性更高。

有的发动机的燃油喷射系统还在低压燃油系统与回油管之间或在汽油滤清器内安装有油压调节器，其作用是将低压燃油系统的燃油压力调至一定值供给高压燃油泵。其工作原理与进气道喷射发动机燃油喷射系统的油压调节器相同。

5）共轨压力传感器

共轨压力传感器安装在燃油共轨的侧面，以测量燃油共轨中的燃油压力并控制油压调节器以调节燃油压力。燃油共轨中的燃油压力保持恒定，这在减少排放、降低噪声和增加动力方面起着重要作用。共轨压力传感器的传感元件采用贵金属膜作为材料焊接在内部，通过薄膜技术对电阻值进行测量。当燃油压力经接口施加到贵金属膜的一侧时，贵金属膜弯曲，引起应变电阻的电阻值发生变化，输出对应于共轨压力的电信号值。

6）喷油器

喷油器的主要功能是在正确的时刻将正确计量的燃油准确地喷射到燃烧室中的相应区域并形成细雾。喷油器是缸内直喷发动机燃油喷射系统的核心部件，一方面，必须满足在结构紧凑的气缸盖上装配的条件；另一方面，必须满足对较短的喷油持续时间、较大的喷油量在线性动态范围等方面特别高的要求。根据针阀控制方式划分，喷油器可分为电磁阀控制喷油器与压电控制喷油器两种。

（1）电磁阀控制喷油器。缸内直喷汽油发动机通常采用电磁阀控制喷油器，其主要由电磁线圈、压力弹簧、阀针、阀座、供电接头等构成，这种喷油器内部设有燃油旋流腔，燃油通过在其中产生的旋转涡流来实现微粒化并减小喷束的贯穿度。喷油器工作时，电磁线圈通电所产生的电磁力使铁芯克服弹簧力而移动，与铁芯一起的针阀被打开，具有一定压力的燃油便从喷口喷出进入燃烧室。电磁线圈断电，其电磁力消失，铁芯在弹簧力的作用下迅速回位，针阀关闭，喷油器立即停止喷油。

针阀的运动质量较小，符合高频率喷油在开关时间上提出的要求，从而能在最大喷油持续时间内按照喷油量线性动态流量（最大喷油量/最小喷油量）喷油，可以满足一般缸内直汽油发动机的要求。该喷油器具有细长的头部，并且使用尽可能小的喷油器套筒直径，以便于放置在发动机气缸盖上。

然而，随着缸内直喷发动机升功率的提高，对喷油器喷油量的线性动态流量范围的要求已有明显提高。为此，喷油量动态范围大于 20 的新一代电磁阀控制喷油器也被开发出来，其能适用于升功率高达 95 kW/L 的涡轮增压汽油发动机。

（2）压电控制喷油器。最近几年，高速开关压电控制喷油器已经逐步取代传统的电磁阀控制喷油器，这种高速开关压电控制喷油器采用针阀开关，可以准确控制喷油量与燃油计量，可在很大程度上减少燃油量消耗与噪声，还可以减少有害排放。这种压电控制喷油器具有重复性较好的高计量精度、稳定的锥形油束和高的抗结焦能力，特别适用于油束引导燃烧过程，能够在很大的运行范围内实现充量分层运转，从而获得良好的经济性。

3. 点火系统

缸内直喷发动机的点火系统普遍采用分缸独立高能点火系统，各气缸的高能点火线圈直接与火花塞相连，与现代先进的进气管喷射发动机无异。但是，缸内直喷发动机的燃烧条件比理想空燃比的进气道喷射发动机严格得多，因此对火花塞提出了比进气道喷射发动机更高的要求，如高的耐热性能、高的抗积碳性能、高的点火性能和耐久性等。缸内直喷发动机在分层混合气燃烧过程中所需要的点火性能相当于进气道喷射发动机在稀薄燃烧时所需要的点火性能。为了实现分层混合气燃烧，较浓的混合气集中在火花塞周围，导致火花塞更容易积碳，降低了火花塞的绝缘性能并导致泄漏，使火花塞不点火。因为喷油和点火的定时控制变得非常复杂，所以缸内直喷发动机要通过调节混合气的供给和点火定时来控制积碳，火花塞的点火点应该位于燃烧室的较深部位，以改善燃烧性能。高负荷时，火花塞温度比普通类型的发动机更高，因此，需要火花塞具有较好的耐热性。

目前，缸内直喷发动机有两种类型的火花塞：半表面放电型火花塞和采用铱合金电极的标准耐久型火花塞。位于绝缘体顶的半表面放电型火花塞有沟槽，其直接影响设备使用的持久性，因此，出现了第三种新型长寿命的半表面放电型火花塞。

1) 标准耐久型火花塞

当发动机高负荷运转时，点火点的温度很高，因此，伸长型火花塞必须具有好的散热性以防止过热。当接地电极伸入燃烧室很深时，可把钢芯嵌入电极，并通过增大金属端部的截面来缩短电极本身。另一方面，当温度较低并且分层混合气燃烧时，需要防止积碳，为此采用带有较长直形绝缘体和较小顶端直径的电极，以提高其局部温度。采取上述措施后，即使在进行容易产生积碳的分层混合气燃烧时也能够获得良好的性能，包括点火性能和耐久性。为了改善火花塞的点火性能，需要采用细长电极，但这将导致耐久性变差，于是采用贵金属代替原有材料。考虑到缸内直喷发动机都使用高能点火线圈，可采用抗烧蚀性好的铱合金电极来提高耐久性。但是，这种标准型火花塞对连续积碳的自洁能力较差，必须采取进一步的改进措施。

2) 半表面放电型火花塞

用于缸内直喷发动机的另一种火花塞是半表面放电型火花塞。和标准耐久型火花塞一样，它也是伸长型火花塞，火花塞的过热问题依然存在。为了防止接地电极过热，半表面放电型火花塞也采用了伸长的金属壳。不过，这种火花塞的接地电极短于标准耐久型火花塞，因此，不再需要如前所述的带铜芯的电极。

因为火花发生在紧靠绝缘体顶端表面的周边，所以即使发动机在可能形成积碳的工况下运转，也具有良好的自洁效果。通过对比标准耐久型火花塞，半表面放电型火花塞的优势在于可以减小阻抗与抵抗积碳，特别是在分层混合气燃烧与怠速状态下。该类型火花塞以绝缘体处于放电期间顶部产生沟槽为代价提高自洁能力，这是半表面放电型火花塞的弱点。缸内直喷发动机具有比进气道喷射发动机更高的压缩比。电极烧蚀是导致火花塞寿命缩短的主要原因。

3) 新型半表面放电型火花塞

根据沟槽形成的机理和缓解方法，出现了一种新型长寿命的半表面放电型火花塞：具有4个接地电极的半表面放电型火花塞、具有3个接地电极的半表面放电型火花塞、具有3个接地电极的混合型火花塞。具有3个接地电极的半表面放电型火花塞（3-SSD型）用于缸内直喷发动机的分层混合气燃烧，具有寿命长、抗沟槽形成及燃烧稳定的特点。具有4个接地电极的半表面放电型火花塞（4-SSD型）用于缸内直喷发动机时，对延长使用寿命、抗沟槽形成和抗积碳非常有效。与传统火花塞相比，具有3个接地电极的混合型火花塞在延长使用寿命和抗积碳方面非常有效。在实际操作中，它们都表现出优异的持久性、洁能力及高抗结焦能力，在分层混合气燃烧阶段稳定性强，尤其是具有3个接地电极的混合型火花塞，其可满足更严苛的操作条件。

应该指出的是，采用铱合金电极的标准耐久型火花塞和半表面放电型火花塞都不同于进气管喷射发动机中使用的火花塞，在维修期间不能任意更换。

4. 排气后处理系统

缸内直喷发动机根据混合气燃烧流程与混合气形成方式的差异分为两种类型，分别为分层混合气燃烧与均质混合气燃烧。由于它们的混合气形成和燃烧过程有很大不同，因此，其排气后处理系统与排气成分也存在较大差异。

均质混合气燃烧缸内直喷发动机与进气道喷射发动机相同，在所有运转工况下都用过量空气系数为1的混合气运行。与进气道喷射发动机相比，NO_x与碳氢化合物的排放量基本相同，而排气后处理方式操作更简单，即使用三元催化转化器进行排气后处理。

当缸内直喷发动机以稀薄燃烧或分层混合气燃烧模式运行时，发动机具有较高的燃烧温度，这使NO_x的含量比进气道喷射发动机高得多。通过观察三元催化转化器的基本工作曲线得出，提高空燃比后传统三元催化转化器具有较高的碳氢化合物与CO转化率，转化NO_x效率较低，仅有很少一部分NO_x转化后形成N_2、O_2，即传统三元催化转化器不能充分转换NO_x。为此，缸内直喷发动机需要专用的NO_x存储催化转换器用于转换，加装温度传感器，以便监测以满足欧V排放标准。

缸内直喷发动机的排气后处理系统的组成部分有存储式NO_x催化转化器、三元催化转化器、前氧传感器、后氧传感器、NO_x传感器及其控制单元以及废气温度传感器等。

1) 存储式NO_x催化转化器

存储式NO_x催化转化器是进行排气后处理的重要部件，其与三元催化转化器相同，均为细陶瓷蜂窝状结构，细陶瓷表面具有氧化钡薄涂层。选择碱土金属用于吸附活性存储材料，选择的活性催化剂材料为铑与铂，当温度达到250 ℃时，存储式NO_x催化转化器可将氧化钡转化为硝酸盐存储起来。安装在存储式NO_x催化转化器前部的设备称为预催化转化器的氧化催化转化器，用于调节冷起动过程中碳氢化合物的转化与净化能力。为了提高其起燃性能，预催化剂直接连到发动机排气管，使存储式 NO_x 催化转化器可以放置在车底下以避免过热，从而改善催化还原功能与活性物质使用的持久性。位于前置催化器后面的温度传感器用于测量废气和催化器的温度，而位于存储式 NO_x 催化转化器之后的 NO_x 传感器用于监控催化器和调节废气净化。使用 NO_x 传感器实现对 NO_x 存储流程的实时监测，NO_x 存储量处于饱和状态后，从实际需求出发，再生成 NO_x，使在每个稀薄—加浓循环中，NO_x 的再生总是与原始排放的波动和催化器的吸附催化活性老化程度匹配，这不但使 NO_x 催化转化效率得到迅速提升，而且降低了再生频率和燃油消耗量。

2）NO_x 传感器及其控制单元

NO_x 传感器安装在存储式 NO_x 催化转化器的后部，用于监测 NO_x 的存储量。NO_x 传感器采用电池电动势原理检测 NO_x 的浓度。在运行期间，第一泵单元中的氧气含量是恒定的，并且通过泵电流测量过量空气比。废气通过扩散网络流到氧气测量单元中，氧气测量单元通过还原电极将 NO_x 分解成氧化和氮气，并且 NO_x 的浓度由泵电流确定。

NO_x 传感器控制单元安装在车辆地板的外部 NO_x 传感器附近，其功能是预处理 NO_x 传感器信号，然后通过 CAN 总线将信息传输到发动机 ECU。发动机 ECU 通过该信息识别所存储的 NO_x 的饱和程度，执行还原过程。

3）废气温度传感器

废气温度传感器安装在三元催化转化器与存储式 NO_x 催化转化器之间，用于监测废气温度，使发动机切换到分层混合气燃烧模式。这种传感器的测温部分装有具有正温度系数的热敏电阻，当温度升高时，热敏电阻的电阻值增大；反之，热敏电阻的电阻值减小。

第 4 章

汽车舒适及安全控制技术

随着汽车电子技术的迅猛发展,越来越多的驾驶辅助系统在汽车整车系统的控制中得到应用,使汽车的驾驶越来越安全、越来越容易。本章对现代汽车舒适及安全控制技术进行系统的分析和介绍。

4.1 自动泊车系统

为了应对不断增加的交通量和数据处理量,可通过开发自动泊车系统降低驾驶员驾驶难度。自动泊车系统在某种条件下可部分甚至全部执行车辆驾驶程序。随着电子元件计算能力的提高和生产成本的降低,自动泊车系统的普及将有助于驾驶员停车。

4.1.1 自动泊车系统的主要功能

自动泊车系统可以在倒车时提供主动辅助,其发展基础是停车距离控制系统(倒车雷达)。自动泊车系统通过超声波传感器和声音警告装置帮助驾驶员确定其驾驶的车辆与其他静态车辆或障碍物之间的距离。此类驾驶员辅助系统的后续开发包括倒车摄像头和视觉停车系统。视觉停车系统通常不仅确定在车辆前、后检测范围内是否存在障碍物,并且可以确定障碍物的位置。即使车辆具有所有这些驾驶员辅助系统,停车时的转向过程也需要由驾驶员进行控制。驾驶员辅助系统只能支持驾驶员检测和评估车辆停车的环境。

自动泊车系统不仅可以检测周围环境,当驾驶员倒车时,自动泊车系统还可以自动调节转向控制,驾驶员只需要操作离合器踏板、节气门踏板及制动踏板即可。驾驶员在任何时间都可以停止自动驾驶并操作车辆转向。除了将车辆倒车到道路的右侧之外,自动泊车系统还可以反转到道路的左侧,如单行道上。

自动泊车系统无法回应驾驶员对周围环境的判断,驾驶员对其驾驶的车辆承担全部法律责任,因此,驾驶员必须检测到对车辆或车内物品造成损坏的可能性,如有必要,应停好车辆以结束自动泊车功能。

4.1.2 自动泊车系统的工作原理

自动泊车系统将车辆倒车入位分为4个阶段:开启自动泊车系统、找到合适的停车位、自动泊车入位和结束自动泊车入位。

1. 开启自动泊车系统

自动泊车系统融合了自动泊车与泊车辅助两项功能,根据功能设置对应按钮,分为启用与禁用两项。启用功能后,按钮中的指示灯和组合仪表中的多功能显示屏将显示该功能。

驾驶员必须首先决定自己是否会自行转弯并同时使用自动泊车系统的停车距离控制功能;或者让车辆在适当位置时由自动泊车系统执行转向过程,驾驶员只需要操作节气门踏板、离合器和制动踏板。此外,驾驶员还必须决定是否在不停止自动泊车系统的情况下倒转道路右侧的停车位,或者在单行道上向道路左侧进行倒车。驾驶员也可以仅使用自动泊车系统来测量停车位,但测量完成后必须停用自动泊车系统。

2. 找到合适的停车位

在车辆的每一侧都有一个超声波传感器来测量停车位是否足够大。图4.1所示为自动泊车系统寻找停车位的过程。停车位由位于车辆右侧的右前自动泊车系统传感器测量。为了能够测量停车位,车速必须低于 30 km/h,当车速为30~45 km/h时,自动泊车系统会关闭,处于待机状态,因为自动泊车系统认为寻找过程已中断,要在其他地方继续寻找停车位。

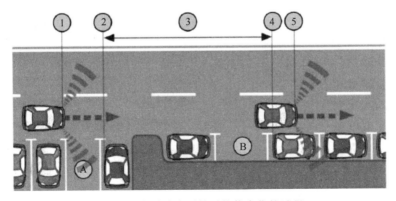

图4.1 自动泊车系统寻找停车位的过程

① 车辆以低于 20 km/h 的速度行驶时,并未开启自动泊车系统(在该速度下,可寻找平行停车位和垂直停车位)。

② 停车位 A 被暂存在 ECU 中，若此时驾驶员启动自动泊车系统，可进行自动泊车入位。

③ 停车位 A 仍存储在 ECU 中。

④ 停车位 A 被删除，停车位 B 被测量并被暂时保存。

⑤ 驾驶员驶过停车位 B 并开启自动泊车系统，停车位 B 被存入 ECU 并立刻显示在组合仪表的显示屏上，表示无法停车，需继续向前行驶。

车速超过 45 km/h 后，自动泊车系统完全关闭，必要时必须重新启用它。如果寻找停车位的速度降至 30 km/h 以下且与侧边经过的车辆的距离为 0.5~1.5 m，则自动泊车系统开始对停车位的大小进行测量，测量结果以车辆和路边情况的象形图显示在组合仪表的显示屏上。

如果自动泊车系统在寻找停车位时确定相对的路边或停放的车辆的停车角度超过 20°，自动泊车系统将假设驾驶员想要转入另一条街道以中断搜索过程。为了确定行驶角度，自动泊车系统可以确定以下几条线并将它们与车辆的纵轴进行比较：

（1）由已停放车辆构成的一条线；

（2）路沿；

（3）建筑物墙壁。

这里仅使用最接近车辆的线路，这样可以防止错误的发生。例如，当路沿不与建筑物墙壁平行时，只要认识到停车位不够大，路沿就会显示为排成一排的阴影矩形；如果停车位足够大，它将显示为阴影矩形之间的无阴影区域。此外，自动泊车系统将检查车辆位置相对于停车位是否正确，即为了倒车进入停车位，车辆是否从旁边驶过足够远，或者车辆纵轴是否与停车位或路沿平行。

如果到达正确位置，则将出现指向停车位的箭头，表示自动泊车系统已准备好执行自动泊车功能。应注意，此时车辆必须是静止的。车辆图形中的字母 R 表示驾驶员应将齿轮悬挂在倒挡上。

停车位的最小尺寸由车辆的长度和所需的转向距离决定，包括安全距离。测量的总长度应确保车辆停放。这意味着自动泊车系统需要确定车辆的位置，使驾驶员可以简单地向前驱动车辆以到达停车位中的最佳位置。

3. 自动泊车入位

当车辆静止时，驾驶员挂起倒挡，踩下节气门踏板并松开制动踏板，即可启动自动泊车系统。驾驶员不允许通过转向盘施加转向扭矩。此时，组合仪表的显示屏上的显示信息提醒驾驶员转向干预已经开始，若怀疑有危险，驾驶员必须观察车辆周围的区域以中断或手动结束停车。与此相关的显示信息是："启用转向干预！注意车辆周围环境！"

停车入位过程在自动泊车系统 ECU 内分解为 5 个流动阶段，原因在于自动泊车系统没有直接的视觉控制功能，不能在倒车过程中对特殊情况作出反应。在自动泊车系统的"概念"中只有一个标准化的停车过程。当需要此过程时，自动泊车系统将该过程分为 5 个子步骤。自动泊车系统使用这些子步骤在确定的路线上移动车辆。

当驾驶员踩下节气门踏板并松开制动踏板时，自动泊车系统首先将车轮置于直线状态并使车辆反转一段距离；然后，自动泊车系统 ECU 指示转向辅助控制单元使用电动机将车轮向右旋转，因此，车辆倾斜进入停车位。此时驾驶员必须将速度保持在 7 km/h 以下，若超出此限制，则自动泊车系统将中断调整过程。

自动泊车系统使用超声波传感器的距离数据和转向角传感器的数据来检查车辆相对于停车位的位置，同时借助自动泊车系统 ECU 的数据确定从何时起车轮必须转到直线行驶的位置，以便继续进入停车位。

在第三运动阶段结束之后，在第四运动阶段期间必须将转向盘转向左侧，以便车辆可以进入停车位。此时，车辆被转移到停车位并再次调整到平行于道路的位置。当从车辆后部到物体的距离小于最小距离时，车辆发出与自动泊车系统的停车距离控制功能相同的声音警告。

4. 结束自动泊车入位

若车辆在静止后与路沿或建筑物墙壁不完全平行，则自动泊车系统可以识别这一点。此时，驾驶员在车辆未行驶状态下退出，车轮转动到直线行驶区域后与挡位接合，然后，驾驶员向前方移动车辆，直到组合仪表的显示屏显示泊车过程的结束。

4.1.3 自动泊车系统的特点

自动泊车系统通常可以在单行道或相应规划的停车场上倒车进入左侧停车位，因此，自动泊车系统在车辆左侧还有一个超声波传感器，用于测量停车位并协助自动泊车系统在停入左侧车位时执行自动泊车功能。

由于自动泊车系统无法同时测量路面两侧并同时显示路面两侧的信息，因此，驾驶员必须向自动泊车系统提供泊车侧信息，让自动泊车系统知道驾驶员想要在道路的哪一侧泊车。

通常，自动泊车系统默认驾驶员会在道路右侧寻找停车位。在这种情况下，驾驶员不需要提供泊车侧信息。若想在道路左侧找到停车位，则驾驶员只需在按下自动泊车系统按钮后，打开左侧转向灯即可切换到左侧泊车模式。

环境条件可能会影响停车位测量和随后的停车位置。例如，当将车辆停放在被叶子、废物或雪覆盖的路边时，自动泊车系统可能难以识别路边信息。另外，叶子和雪可能干扰反射的超声信号，自动泊车系统接收到的较弱的超声回波无法体现实际状况。

自动泊车系统限制的另一个情况是在岔路口或庭院入口泊车。自动泊车系统可能将庭院入口误认为理想的停车位。这些限制表明自动泊车系统无法取代驾驶员的观察，驾驶员应全程监视泊车情况。

4.2 主动巡航系统

主动巡航（Adaptive Cruise Control，ACC）系统也称为自适应巡航控制系统，是一种新开发的驾驶员辅助系统，其功能远远超过传统的车速控制系统，减少了节气门踏板和制动踏板的操作，可以明显改善驾驶舒适性。该系统的使用，使驾驶员严格遵守车辆的速度限制和距离，从而确保交通畅通。

4.2.1 主动巡航系统的主要功能

主动巡航系统的功能是使车辆与前车保持一定距离，该系统是在巡航控制系统的基础上发展形成的。该系统配备了雷达传感器，可测量前车的距离和前车行驶速度。若测量距离远远超出驾驶员规定值，则选择加速行驶，在速度高于驾驶员规定速度后停止加速；若测量距离与驾驶员规定值相比较小，则车辆进行减速操作，采用换挡、降低输出功率及增加制动等方式实现。通常制动效果是制动系统最高制动速度的1/4，在该速度下驾驶员与乘客的舒适度最高。该方式可缓解驾驶员的驾驶疲劳，车辆行驶安全性也得到了一定程度的提高。在特殊状态下，驾驶员要手动操作车辆制动器。

主动巡航系统作为驾驶员辅助系统，无法被看作安全系统，因此并非全自动驾驶系统。主动巡航系统仅在车速为30~200 km/h时才有效。主动巡航系统无法响应静止目标。

雨、漂浮泡沫和雪泥水对雷达传感器的实际运行情况会产生影响。转弯半径较小时会减小雷达传感器的视野范围，对系统性能与功能也产生影响。

主动巡航系统在工作时必须使用以下信息：和前车的距离、前车的速度和前车的位置。如果雷达传感器同时检测到多个车辆，则使用上述信息选择车辆，以便对所选择的车辆进行相应的调整。

4.2.2 主动巡航系统的工作原理

1. 雷达技术的基本原理

雷达是一种定位物体的电子设备。雷达的基本原理很简单，就是物体表面反射电磁波，而反射回的电磁波部分作为"回声"被雷达接收。

1）车距测量原理

主动巡航系统根据各个物体间的距离确定接收反射信号与传输信号需要的时间。

图4.2所示为发射器/接收器与物体之间的距离同信号传递时间的关系，下图中接收器的距离是上图的两倍，下图中反射信号到达接收器时间与上图相比是其两倍。测量该时间段的难度与复杂度较高，因此使用间接测量方法，该间接测量方法称为频率调制连续（等幅）波（Frequency Modulated Continuous Wave, FMCW）法。该方法是将连续发射的超高频振荡波作为发射信号，频率变化速率为200 MHz/ms。作为"运输工具"的载波信号频率是76.5 GHz。这种方式可以简单地通过比较发送信号和接收（反射）信号之间的频率差来避免使用非常复杂的直接测量时间的方法。

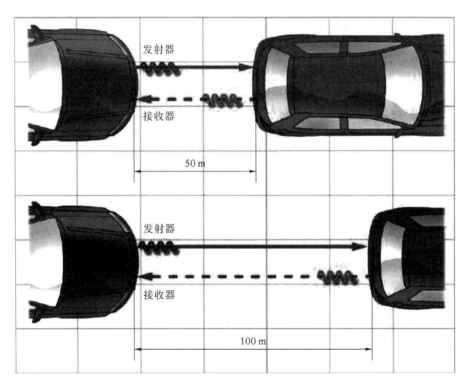

图4.2 发射器/接收器与物体之间的距离同信号传递时间的关系

两个物体间的距离根据接收信号与发射信号的频率差值确定，物体间存在较大间距表示发射信号与接收信号的间距也较大，因此，相应的接收频率与发射频率间的差异更大。

2）前车运行速度

主动巡航系统通过多普勒效应获得准确的前车运行速度。发射波物体与反射波物体在本质上并无差异,不论是静止还是运动。若发射波物体与反射波物体的间距缩短,此时反射波频率上升,延长距离后相应的频率降低。图4.3所示为信号与距离之间的关系,电子设备获取频率变化值对前车运行速度进行计算。多普勒效应在实际中的应用:与前车距离较近时,车辆响起警报并使用恒定高音;与前车拉开距离后;音调与音量也相应降低。图4.4所示为车速的确定过程,前车运行速度快并逐步拉开与后车的距离,接收(反射)信号的频率(Δf_D)降低,导致信号Δf_1(上升沿)与Δf_2(下降沿)存在差值,可利用距离调节控制单元对这种差值进行深入分析。

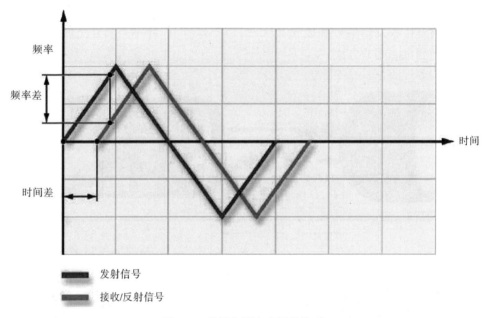

图4.3 信号与距离之间的关系

3)前车位置的确定

雷达传感器信号以叶片形状展开。随着与发射器之间的距离增大,信号的强度在纵向和横向减小。为了确定车辆的位置,还需要一个信号:车辆相对于前车的移动角度。利用三光束雷达获取角度数据,再使用雷达波束对不同角度信息发送反射信号振幅比。图4.5所示为三光束雷达确定车辆位置示意。

4)参考对象的确定

在车辆驾驶过程中,雷达传感器可查看的车辆数量较多,如在多道路交通路段、高速路及转弯位置等,这时就得识别哪一辆车与本车行驶在同一车道上(本车应与哪辆车保持选定的距离)。通过距离调节单元确定具体车道,这种分析过程复杂性高,需使用其他附加信息才能实现。其中,关键信号为车轮速度传感器信号、偏转率传感器信号及转向角度信号,对上述信号进行分析即可得出车辆在

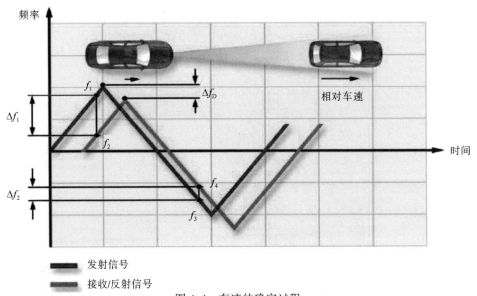

图 4.4 车速的确定过程

Δf_1（Δf_2）——发射信号 f_1（f_3）和接收信号 f_2（f_4）的频率差

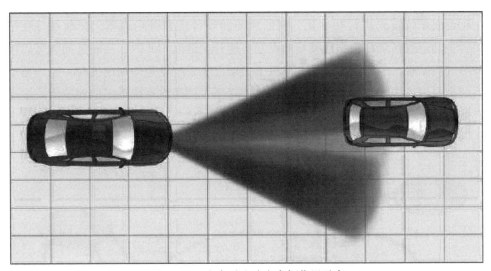

图 4.5 三光束雷达确定车辆位置示意

道路上转弯时的信息。图 4.6 所示为车道转弯半径与平均宽度的关系。

"假想"车道信息来自具有主动巡航系统的车辆的当前转弯半径和特定车道平均宽度。由雷达传感器测量的最靠近车辆（也在车道中）的物体作为调节距离的参考。当车道不断变化，或者车辆进入拐角并且远离拐角时，可能导致车辆在短时间内"丢失"目标（前车），或者将相邻车道中的车辆视为目标，这可能导致车辆在短时间内加速或减速。

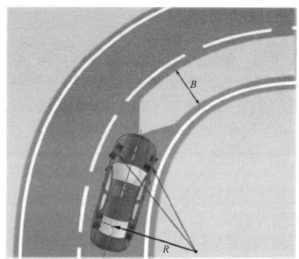

图 4.6 车道转弯半径与平均宽度的关系
B——车道平均宽度；R——车道转弯半径

2. 主动巡航系统的控制逻辑

图 4.7 所示为主动巡航系统控制状态图。当主动巡航系统的主开关打开后，主动巡航系统首先进行初始化，判断目前的条件能否开启巡航，判断条件合格后，主动巡航系统将根据驾驶员的设定车速开始巡航。此时，驾驶员的脚可以离开节气门踏板，当车辆的加速度超过了主动巡航系统设定的加速度时，主动巡航系统会退出工作状态，直到车辆的加速度降至主动巡航系统设定的加速度。主动巡航系统会在驾驶员操作制动器后自动退出工作状态，此时，车辆由驾驶员负责驾驶。若驾驶员想重新进行主动巡航控制，则需重新打开主动巡航系统的主开关。

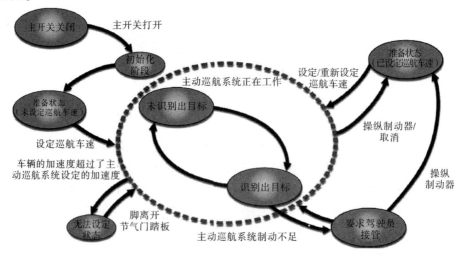

图 4.7 主动巡航系统控制状态图

4.3 车道保持辅助系统

车道保持辅助系统是一种非常先进的驾驶员辅助系统，可以帮助驾驶员在紧急情况下操作车辆。通过对光学数据的分析，车道保持辅助系统可以识别道路的方向。当车辆即将越过车道边界或边缘线时，车道保持辅助系统将主动干预。

4.3.1 车道保持辅助系统的主要功能

随着计算机技术的快速发展，防抱死制动系统（Antilock Brake System，ABS）等传统系统现已发展成电子稳定程序（Electronic Stability Program，ESP）系统等更复杂、更实用的安全系统。随着电子控制机械动力转向系统和电子加速踏板的引入，有更多的方法可以直接和积极地干预车辆的行程，进一步提高驾驶安全性并对车辆进行复杂的操纵，为驾驶员提供更多帮助。这些具有新功能的系统使驾驶员在驾驶时既省力又省心，因此被称为驾驶员辅助系统。除了车道保持辅助系统之外，还有其他驾驶员辅助系统，如自动泊车系统、主动巡航系统、变道辅助系统。车道保持辅助系统的主要功能表现在以下几个方面：

（1）如果道路上有车道标记，或者车道与车道标记之间存在足够明显的对比，则可以识别道路标线；

（2）为驾驶员提供有关车道保持辅助系统运行状态的可视信息；

（3）实施纠正或辅助转向干预；

（4）若转向干预不足以纠正转向，则会通过振动转向盘来警告驾驶员；

（5）若驾驶员松开转向盘的时间超过设定的时间，将向驾驶员发出视觉和听觉警告；

（6）当驾驶员故意改变航向时（如超车时），系统功能将受到限制。

4.3.2 车道保持辅助系统的工作状态和工作原理

1. 车道保持辅助系统的工作状态

车道保持辅助系统开启之后，开始获取车辆前方的道路方向数据，并通过安装在车道保持辅助系统 ECU 中的摄像机对其进行分析，同时，车道保持辅助系统 ECU 基于所获得的光学数据尝试确定车道边缘线、车道分界线和车辆在车道中的位置。如果车道保持辅助系统可以成功获得该信息，则车道保持辅助系统处于激活模式；如果车道保持辅助系统无法成功获取信息，将切换到待机模式。车道保持辅助系统指示灯指示系统的当前操作模式。

在激活模式下，车道保持辅助系统获取道路方向。当车辆即将偏离由车道保持辅助系统计算的虚拟车道时，车道保持辅助系统通过电子控制机械转向辅助系统施加转向校正扭矩。

在待机模式下，摄像机将继续获取道路信息并由车道保持辅助系统进行分析。若识别出清晰的车道标记，或者满足所需的操作条件，则车道保持辅助系统将切换回激活模式。驾驶员可以通过车道保持辅助系统的指示灯了解此时车道保持辅助系统处于待机模式。此时，车道保持辅助系统没有对车辆施加转向校正干预且不发出警告。

若驾驶员故意改变车道（如在超车或转弯期间），则打开转向信号可以暂时将车道保持辅助系统切换到待机模式。当转向信号关闭时，车道保持辅助系统会自动切换回激活模式以继续识别清晰的车道标记。当仪表板中的车道保持辅助系统指示灯呈黄色时，车道保持辅助系统处于待机模式。当车速大于 65 km/h 时，车道保持辅助系统切换到激活模式；当车速小于 60 km/h 时，车道保持辅助系统切换到待机模式。

2. 车道保持辅助系统的工作原理

1) 直道上的车道保持功能

利用所识别的车道标记，车道保持辅助系统计算允许车辆沿其行进的虚拟车道。除此之外，车道保持辅助系统还确定车辆相对于虚拟车道的位置。若车辆即将偏离虚拟车道，则车道保持辅助系统应用转向校正扭矩（最大为 3 N·m）以通过电子控制的机械转向辅助系统校正车辆的偏移。

在这种情况下，转向扭矩的大小取决于车辆与识别的车道标记之间的角度。转向干预最多持续 100 s，并且若在此期间车辆在车道中移回，则校正过程结束。驾驶员可以在主动转向的任何时刻轻松终止转向干预（如当驾驶员没有打开转向信号时）。如果扭矩不足以纠正转向，那么电子控制转向辅助电动机会使转向系统振动，使驾驶员感觉到转向盘的振动并接收到警告。

2) 弯道行驶时的车道保持功能

在长的弯道中，即当弯道的半径大时，若车辆偏离由车道保持辅助系统计算的虚拟车道，则车道保持辅助系统可以进行干预。在这种情况下，当车道保持辅助系统设置虚拟车道时，使弯道内的虚拟车道边缘线尽可能接近车道保持辅助系统识别的弯道内的车道标记。以这种方式，驾驶员可以容易地穿过道路，而车道保持辅助系统不执行校正转向干预。若车道保持辅助系统在最长 100 s 的转向干预期间无法将车辆保持在拐角处，则会给驾驶员一个振动警告和电子警告音，并在显示屏上显示一条文字信息；同时，要求驾驶员接管转向操作。

3) 车道识别功能

在车道保持辅助系统切换到激活模式之前，必须满足各种系统内部条件和系统环境条件。

(1) 系统内部条件：车道保持辅助系统打开，工作正常；具备运行电气设备的条件（最低电压、设备温度）；可以通过 CAN 数据总线（如防抱死制动系统/电子稳定程序系统、电子控制机械转向辅助系统、舒适系统）、发动机管理系统、仪表板控制单元等与各种相关系统进行通信，各系统正常运行；电子稳定程序系统必须打开；车道保持辅助系统的摄像机准备就绪；车道保持辅助系统挡风玻璃加热器功能正常。

(2) 系统环境条件：确定的车道宽度为 2.45~4.60 m；车道保持辅助系统的摄像机可以识别车道标记和车道边缘线；摄像机检测范围内的挡风玻璃不能脏污或冻结；若车道保持辅助系统识别出两个连续的车道标记，则它们的最大间距不得超过车道标记本身长度的两倍。

若车道保持辅助系统在 5 m 范围内清楚地识别出车道标记的一部分，则可以在接下来的 10 m 内不接受车道标记。一旦超过该范围，车道保持辅助系统就会切换到待机模式。

4.3.3 车道保持辅助系统的控制逻辑

1. 车道识别的过程

车道保持辅助系统的处理器同步分析由摄像机捕获的每个数字图像，以检查灰度值是否具有大的变化。例如，黑暗沥青路面上的白色车道边缘线将导致灰度值产生较大幅度的波动。为了缩短计算时间，车道保持辅助系统在分析数字图像时仅选择数字图像左半部分和右半部分的两个梯形区域，因为这两个区域已经包含了要识别的车道标记。另外，代替分析所有 480 条扫描线，仅选择检测区域中的一部分扫描线用于分析。以这种方式，结合处理器的强大性能，确保即使在车辆高速行驶时，也可快速执行分析。

如果分析程序在选定的扫描线中发现一个位置或多个强烈灰度值变化，那么车道保持辅助系统便在这些位置上分别设一个探测点或标记点。单条扫描线上也可能有多个点。如果扫描线上的点可以连接到连续虚拟线并与实际车道标记或车道边缘线匹配，那么车道保持辅助系统将仅使用内部标记点来计算当前车道；如果有足够的点连接到线路，那么车道保持辅助系统可以基于这些点计算实际车道方向。基于所识别的车道进程，车道保持辅助系统根据其内部设定的功能限制和驾驶安全性来计算虚拟车道。

利用计算得到的虚拟车道，车道保持辅助系统开始计算车辆相对于虚拟车道的横向定位。如果车辆接近虚拟车道边缘线或穿过虚拟车道，那么车道保持辅助系统将实施转向干预；如果数字图像中的灰度值差异太小，或者没有设置足够的点，车道保持辅助系统无法识别车道方向，那么车道保持辅助系统将切换到待机模式，不会发出警告且不实施转向，但是，在待机模式下，车道保持辅助系统将继续分析捕获的数字图像，以便在可以清楚识别车道标记时立即切换回激活模式。

2. 虚拟车道的计算

计算虚拟车道时的边界条件取决于实际车道的宽度。

例如，如果车道宽度被确定为大于 2.6 m，那么车道保持辅助系统将在实际车道标记内具有 40 cm 宽的安全区域；如果确定的车道宽度小于 2.6 m，那么安全区域的大小将相应减小。当车道宽度小于 2.4 m 时，车道保持辅助系统将切换到待机模式。

当道路上有许多平行的车道标记（如靠近建筑区域或有自行车道的道路）时，若车道保持辅助系统借助识别出内侧标线，可计算出足够宽的虚拟车道，那么车道保持辅助系统就会选用这些标线。

如果不可能计算出足够宽的虚拟车道，那么车道保持辅助系统将使用相邻的外部标记。转向校正扭矩（最大为 3 N·m）的大小也是可变的，这取决于车辆与虚拟车道边缘线之间的角度。车道保持辅助系统通过车辆纵轴和虚拟车道的中心线计算该角度。

如果车辆以相对平稳的角度驶向车道标记，那么车道保持辅助系统将施加高达 3 N·m 的扭矩以纠正转向；如果驾驶员想改变车道并且将越过车道标记，那么此时驾驶员施加的反向扭矩足以防止转向干预过程。

如果车辆以更明显的角度朝车道标记前进，那么车道保持辅助系统将假设驾驶员可以在不打开转向信号的情况下有意改变车道。在这种情况下，驾驶员仅需要施加小的转向扭矩就足以克服校正扭矩。

3. 转向盘离手识别

除了监控车辆是否保持在车道中之外，车道保持辅助系统还可以识别驾驶员松开转向盘的时间是否超过设定值，从而判断其是否未控制转向，如过度疲劳或分心做其他事情的时候。为此，车道保持辅助系统使用电子控制机械转向辅助传感器。当车辆行驶时，由不平坦路面产生的力传递到车辆的前轴，从而作用在转向机构上。

情况一：驾驶员准备转向，且至少单手握住转向盘。

这将导致作用在扭杆下端的扭矩通过转向柱小齿轮不断变化，转向柱将尝试进行微调。

因为驾驶员握住转向盘，所以扭杆的上端是固定的。由于扭矩变化，扭杆将连续地向左或向右轻微旋转。转向扭矩传感器将检测到扭杆的旋转角度不断变化，从而在转向辅助控制单元的信号分析期间产生连续的信号。只要驾驶员握住转向盘且没有有意识的转向，该信号的序列就将继续。通过连续信号系统，车道保持辅助系统知道驾驶员的手保持握住转向盘。

情况二：驾驶员没有握住转向盘。

若驾驶员松开转向盘，则扭杆的上端会失去固定点，整个转向系统可以自由旋转。与情况一不同，此时，由不平坦的路面引起的扭矩变化不会导致扭杆连续地向左或向右旋转，因此转向扭矩传感器不会检测到旋转角度的变化，在信号分析期间不会出现信号序列。

若识别出该状态持续超过 8 s，则车道保持辅助系统将发出电子警告音以提醒驾驶员松开方向盘可能带来危险；同时，组合仪表的显示屏上将出现一条文字信息，提醒驾驶员接管转向操作。

4. 功能限制

在光线、天气因素或车道能见度的影响下，在某些情况下，车道保持辅助系统可能无法清晰识别车道，因此无法相应地计算虚拟车道，或者车道保持辅助系统的分析可能有误。通常，在这些情况下，车道保持辅助系统将自动切换到待机模式。仅当车道保持辅助系统已获得显式信息并且在可以计算虚拟车道的系统限制内时，车道保持辅助系统才处于激活模式。

1）车道能见度的影响

只要车道标记与沥青路面形成充分对比并且路面没有严重污染，就可以看到车道标记。车道保持辅助系统通常可以识别清晰的车道标记并计算虚拟车道。特别是在高速公路上，会有混凝土路面，车道的颜色非常浅，车道上的白色和黄色标记与道路颜色之间的对比不那么明显。在这样的道路上，特别是在光照条件差的情况下，路面与车道标记之间的灰度值差异可能太小，导致无法明确设置标记点。此外，不同的路面材料（如不同的沥青材料）之间形成的边界也可能导致不正确的系统分析结果。

2）光线和天气条件的影响

特别是在湿车道中，由于反射或迎面而来的车辆的影响，可能出现眩光效应，并且车道标记的亮度可能被眩光覆盖。这种情况会妨碍车道保持辅助系统清楚地识别车道标记或车道边缘线。在光照条件差的情况下，车道上的沥青接缝也可能被错误识别为车道标记，导致车道保持辅助系统识别的车道宽度与实际不匹配。车道标记或道路边缘被泥土或冰块严重覆盖，也会妨碍车道保持辅助系统的识别。

3）车道边缘的影响

车道边缘也会影响车道保持辅助系统的工作状态。如果摄像机没有摄取车道边缘线，只要路面和路缘区域（如草地、铺砌的道路或雪地）之间的亮度差异足够大，形成一个清晰的边界，那么车道保持辅助系统仍然可以将其识别为车道边缘线。类似地，只要路沿或护栏的亮度足够高，车道保持辅助系统就将其识别为车道边缘线。

4）脏污的挡风玻璃的影响

如果摄像机检测范围内的挡风玻璃太脏以至于图像数据的摄取被连续阻挡，则车道保持辅助系统将切换到待机模式并且提示"LaneAssis—当前检测装置不可见！"当挡风玻璃很脏时，车道保持辅助系统不能立即识别，并且会有一定的延迟。这是因为车道保持辅助系统需要比较所获取的图像数据以确定它是否是由污垢引起的可见度降低。

5）结雾的挡风玻璃的影响

若挡风玻璃由于冷凝而变湿，其将导致摄像机的检测被阻挡，则车道保持辅助系统将由于挡风玻璃的雾化而切换到待机模式。

为了避免挡风玻璃在摄像机检测范围内雾化，车道保持辅助系统配备了一个小型挡风玻璃加热器，仅在摄像机检测范围内加热挡风玻璃。当基于图像数据质量下降确定摄像机前方的挡风玻璃雾化时，车道保持辅助系统将自动打开小型挡风玻璃加热器。

6）施工路段的影响

特别是在高速公路上，黄色车道标记通常在施工区域中作为临时标记引导车辆绕过施工区域，如施工区域侧的应急车道。此时，驾驶员知道黄色车道标记将替换原始的白色车道标记；然而，车道保持辅助系统"看到"的不是黄线而是浅灰线，因此，当白色车道标记与黄色车道标记一起出现时，车道保持辅助系统的分析可能不正确。在车道保持辅助系统不能进行判断的情况下，它总是使用所识别的内部标记，因此，在某些情况下可以计算出相对窄的虚拟车道。若此时的车道宽度小于系统限制，则将使用相邻的外部车道标记，并且此处使用右侧的白色车道标记。若未识别出清晰或可信的车道标记，则车道保持辅助系统通常将切换到待机模式。

7）光学错觉的影响

车道保持辅助系统通过光学数据计算光学通道，因此，其摄像机也受到肉眼等视错觉的影响。若从上方观察，则可以清楚地识别出以平缓角度相互接近或相交的两个车道标记；但是从摄像机的角度来看，却会产生一种假象——这两条标线就像一条笔直地延伸到地平线的道路，因此，有可能出现这种情况：当变速车道延伸比较长或在施工路段附近，由车道保持辅助系统计算的虚拟车道穿过两条标记线的交叉点并延伸到道路之外。

若车辆继续朝着该虚拟车道上的标记线交叉口行进，则车道保持辅助系统将在分析所捕获的图像数据时识别出车道正在变窄；若车道保持辅助系统发现车道宽度低于激活模式的阈值，则车道保持辅助系统切换到待机模式。

4.4 空气悬架系统

4.4.1 车辆悬架的基本知识

车辆在道路上正常行驶时,不平坦的道路会对车辆车轮产生一定冲击,该冲击通过车轮悬架与悬架系统向车体传递。车辆悬架的功能是消除这种影响。

一般来说,车辆悬架分为两部分:悬架系统和减振系统。在这两个系统的综合作用下,车辆悬架可以满足以下要求:保持车轮与路面接触,这对于确保制动和转向非常重要;大大减少了乘客的不利负担,避免了对精密货物的损坏;保护车辆部件不承受过大的负荷。车辆在行驶期间,除了出现使车身上下振动的力以外,还会出现使车身在空间三个坐标轴方向运动和振动的力。图4.8所示为车辆行驶过程中的车身运动。除了车桥的运动学特性外,车辆悬架对这些运动和振动具有决定性的影响,因此,悬架系统和减振系统之间的匹配有十分重要的意义。

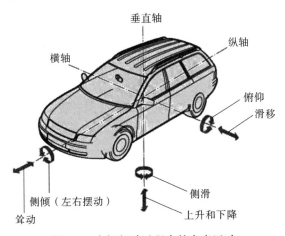

图4.8 车辆行驶过程中的车身运动

1. 悬架系统

悬架上的承载元件称为弹性元件,用于连接车轮悬架与车身。车辆座椅与轮胎的弹性可对悬架起到补充作用。

弹性元件主要包括充气/空气弹簧、钢弹簧及橡胶/弹性体,也可以是上述任意两个元件的组合。钢弹簧悬架在轿车上应用较多,钢弹簧中使用最多的为螺旋弹簧。空气悬架在卡车上的应用已经有很多年了,这种装置自身优势明显,大量轿车开始安装空气悬架。

悬架系统包括悬挂质量与非悬挂质量，悬架挂质量包括传动系统、车身及底盘，非悬挂质量包括底盘、车轴部件及车轮等。车辆在悬架系统的基础上组成振动单元，通过悬架系统与悬架质量相互匹配得到车体准确的振动频率，并将其作为固定频率。图 4.9 所示为悬架系统的组成。

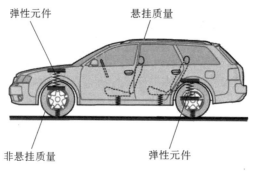

图 4.9　悬架系统的组成

理论上，要最大限度地减小非悬挂质量，以减小非悬挂质量对振动特性的影响。除此以外，惯量的减小也会减小非悬挂质量所产生的冲击负荷，提高悬架系统的响应特性，让车辆驾驶的舒适性得到迅速提升。常以采用铝制底盘部件、铝辐条轮、铝制制动钳、优化底盘质量及优化车胎等方式减小非簧载质量，其中，铝制底盘部件包括车轮轴承、轴承及杆等组件。

2. 振动

当力将作用在弹簧上的质量拉离其静止位置时，弹簧产生恢复力，迫使其产生质量反弹。质量产生振动，在静止点上生成一个重复性较高的恢复力，弹簧在内部摩擦与空气阻力的作用下暂停振动。

3. 车身固有频率

频率与振幅用于表示振动。匹配底盘时，车身固有频率具有一定的重要性。通常中型车辆未匹配悬架系统时，固有频率为 10~16 Hz，在匹配悬架系统之后，车身（悬挂质量）具有 1~1.5 Hz 的固有频率。图 4.10 所示为弹簧的振幅和振动之间的关系。

车身的固有频率由悬架质量与弹簧刚度决定，若弹簧相对较软或者质量大，则对应的主体固有频率低，弹簧振幅大；若弹簧硬度高或者质量小，则相应的车身具有较高的固有频率，弹簧振幅小。

车身固有频率低于 1 Hz 会使驾驶员出现恶心的征状，而高于 1.5 Hz 会对驾驶员的行车舒适性产生影响，高于 5 Hz 后车辆会有强烈的抖动。

4. 匹配车身固有频率

车辆载荷或者悬挂质量根据车辆使用的发动机类型与设备的不同会有较大变

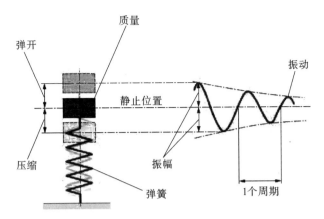

图 4.10 弹簧的振幅和振动之间的关系

化,为了使车身高度和车身固有频率在所有车型中基本相等,就需要根据前桥、后桥的负荷配置不同的弹簧和减振器组合,因此,弹簧的刚度决定了车身的固有频率。减振器的衰减对车身的固有频率没有显著影响,它只影响振动衰减的速度(阻尼系数)。对于没有自动调平的标准底盘,后桥配置的固有频率总是略高,这是因为当车辆装载负荷时,后轴上的负荷增大,车身的固有频率会降低。

5. 弹簧的特征参数

弹簧特性曲线可以通过弹簧力-弹簧行程曲线来获得。图 4.11 所示为弹簧特性曲线。弹簧刚度的单位是 N/mm。弹簧刚度用于描述弹簧的柔软度和硬度。若

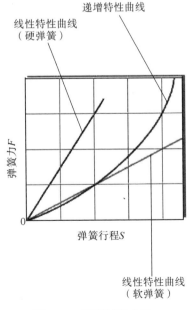

图 4.11 弹簧特性曲线

弹簧在整个行程内具有相同的刚度,则表示弹簧为线性的;若弹簧柔软,则相应的弹簧特性曲线处于平滑状态;若弹簧较硬,则相应的弹簧特性曲线陡峭。螺旋弹簧由于弹簧丝直径大、弹簧圈量小,因此硬度高。

弹簧行程延长,弹簧刚度上升,则弹簧的特性曲线递增。具有增量特性曲线的螺旋弹簧具有以下特征:

(1) 螺旋的螺距不均匀;

(2) 螺旋呈锥形;

(3) 弹簧丝所包围的空间为锥形;

(4) 两个弹性元素组合在一起。

弹簧增量特性曲线的优势如下:

(1) 匹配悬架系统正常运行与满载运行;

(2) 增大车辆负荷后,车体固有频率处于不变状态;

(3) 路面不平坦导致车辆冲击较大,悬架不会迅速下降;

(4) 可最大限度地使用弹簧可用行程。

6. 不带自水平调节机构的传统底盘(钢质弹簧)

图4.12所示为钢质弹簧行程与压缩量的关系。不带自水平调节机构的传统底盘上总的弹簧行程 $S_总$ 由以下几项组成:

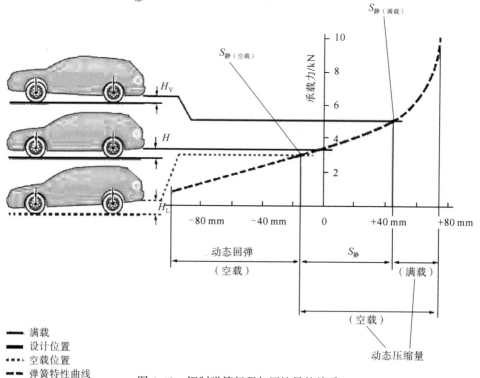

图 4.12 钢制弹簧行程与压缩量的关系

H_V—满载高度;H—设计位置高度;H_L—空载高度

静态压缩量 $S_{静}$ 和车辆在振动下生成的动态弹簧行程 $S_{动}$（也可以分为 $S_{动(空载)}$ 和 $S_{动(满载)}$），其关系为

$$S_{总} = S_{静} + S_{动(空载)} + S_{动(满载)}$$

车辆处于静止状态下时，带负载车身在弹簧上下降的距离被称作静态压缩量 $S_{静}$。

不带自水平调节机构的底盘的缺点是车辆满载状态下弹簧压缩量较小。

静态压缩量表示动态振动弹簧产生的压缩行程（正）、起始位置（零位）及回弹行程（负），弹簧悬挂质量与弹性刚度对该值具有决定性，可通过计算满载静态压缩量 $S_{静(满载)}$ 与空载静态压缩量 $S_{静(空载)}$ 得出，计算公式如下：

$$S_{静} = S_{静(满载)} - S_{静(空载)}$$

上述计算得出的满载与空载静态压缩量差值对于平滑弹簧特性曲线而言较大。

4.4.2 带自水平调节机构的空气悬架系统

1. 系统概述

空气悬架系统用于对汽车悬架进行调节，其可以自动调节车身高度，并且自动水平调节机构通常集成到悬架系统中。

自动水平调节的优点是负载不影响静态压缩量，可使其保持恒定值，可以在很大程度上减小车轮自由旋转需要的空间，以便于有效利用整体空间。车身使用质地较软的弹簧支撑，可提高车辆驾驶的舒适性。不论载荷多大，均可以保证回弹和压缩的整个行程不变。图 4.13 所示为空气悬架的静态压缩量。

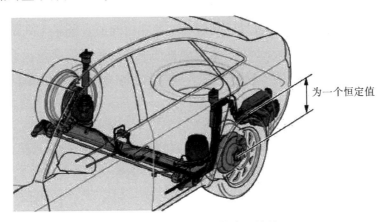

图 4.13 空气悬架的静态压缩量

自动水平调节机构通过调整空气弹簧的压力，使车身始终保持在同一水平高度。静态压缩量始终为一个恒定值，在设计时无须将车架与轮胎间的缝隙考虑在

内,$S_{静}$的值为零。

空气悬架安装自动水平调节机构的优势在于车辆处于空载或者满载状态下时,固有频率一直保持一个定值。图4.14所示为空气悬架的固有频率。

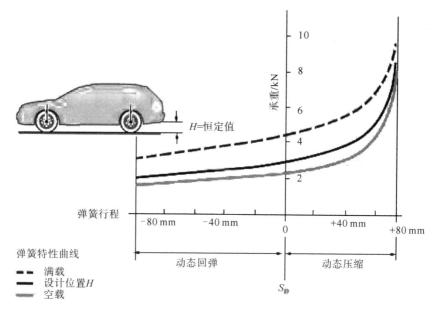

图4.14 空气悬架的固有频率

管状气囊是由优质弹性材料和尼龙制成的,这使其具有良好的开卷特性和反应灵敏性,可满足-35 ℃ ~ +90 ℃内的各种特性。管状气囊由金属张紧环夹在上端盖和活塞之间,金属张紧环是机械压紧的。根据车桥设计形式的不同,空气弹簧和减振器可以是分开的,也可以是同轴安装在一起的。当空气弹簧没有充气时,务必不要在此时运动,否则会造成严重的损坏。当空气弹簧没有充气时,如果想举升车辆(如使用举升机),那么必须先用诊断仪器为相应的空气弹簧充气。

2. 空气弹簧的特征参数

空气弹簧的压力P_i与有效作用面积A_w共同决定弹簧弹力F,计算公式如下:

$$F=P_i \times A_w$$

通过有效作用直径d_w可获得准确的有效作用面积A_w。对于刚性结构(如圆柱体和活塞),活塞直径作为有效作用直径。图4.15所示为活塞与气缸的承载力。具有管状气囊的空气弹簧,褶皱最低位置直径作为有效作用直径。图4.16所示为管状气囊的承载力。根据公式可知,空气弹簧的有效作用面积与内部压力作为两项重要参数会影响空气弹簧的承载能力。调整空气弹簧压力后,在车身稳定不动的情况下，车辆静态承载能力发生改变。承载力与压力相辅相成，因此，会具有对应的弹性刚度或者弹簧特性。弹簧载荷变化率等同于弹簧刚性变化率，所以有关驾驶性能的固有频率保持定值 1.1 Hz，车身固有频率与空气悬架两者相互匹配。

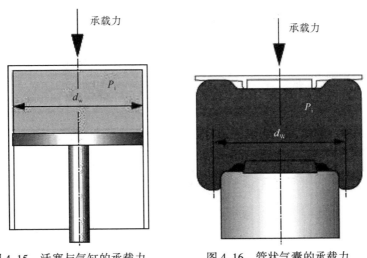

图 4.15　活塞与气缸的承载力　　　图 4.16　管状气囊的承载力

3. 弹簧特性曲线

空气弹簧的原理确定其特性曲线是逐渐上升的（在圆柱形活塞状态下）。弹簧特性曲线的走向（平坦/倾斜）由弹簧容积决定。弹簧容积大，弹簧特性曲线趋于平坦；弹簧容积小，特性曲线较为陡峭。可以通过改变活塞的横截面来影响弹簧特性曲线的走向，还可以改变弹簧的承载力。图 4.17 所示为弹簧行程与承载力之间的关系。在匹配带有管状气囊的空气弹簧时可调整以下参数：

（1）弹簧体积；

（2）有效面积；

（3）活塞横截面面积。

4. 减振系统

车辆若未安装减振系统，在驾驶过程中受到路面不平坦的影响时，将导致轴承出现剧烈振动，相应的车身振动更加强烈，造成车轮与路边相接处脱离。图 4.18 所示为减振器对车辆振动的影响。减振系统的功能是及时去除空气悬架系统吸收的振动，因此，车辆安装弹簧的同时还要安装减振器。减振器有很多种，但其功能和基本工作原理相同。液压机械减振装置在汽车生产中的应用较多，其中，应用范围最广的为套筒式减振器，其主要特点是产生的摩擦小、体积小、结构简单及可实现精准减振。

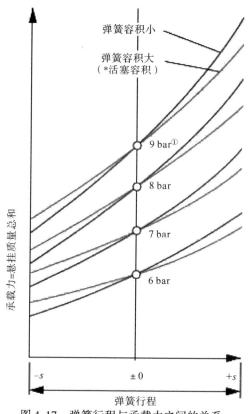

图 4.17 弹簧行程与承载力之间的关系

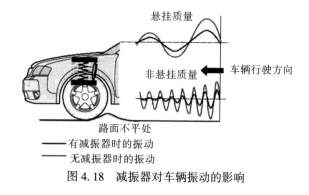

图 4.18 减振器对车辆振动的影响

减振系统直接影响车辆驾驶的舒适性与安全性,但是,车辆驾驶的舒适性与安全性之间存在矛盾。阻尼衰减值越大,相应的车辆行驶动力越强,车辆驾驶的舒适性越差;反之,阻尼衰减值越小,车辆驾驶的舒适性越好,相应的车辆行驶动力越弱。

---

① 1 bar=0.1 MPa。

5. 双筒式充气减振器

双筒式充气减振器作为标准减振器已被广泛应用。图 4.19 所示为双筒式充气减振器。在双筒式充气减振器中，壳体与工作缸组成两个腔室。

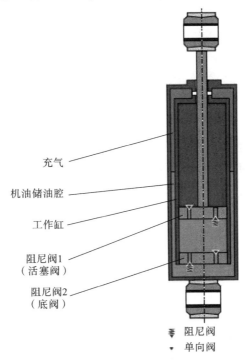

图 4.19 双筒式充气减振器

液压油填充整个工作腔，活塞杆与活塞在工作腔内移动。在气缸和壳体之间有一个环形储油腔，用于补偿活塞杆和液压油的温度变化引起的体积变化。储油腔里充有液压油，工作压力为 6~8 bar，不充满液压油可减少气蚀。双筒式充气减振器通常配备两个阻尼阀，分别称为底阀与活塞阀，其组成部分主要有螺旋弹簧、弹簧垫圈及带孔的阀体。

1）工作过程

图 4.20 所示为双筒式充气

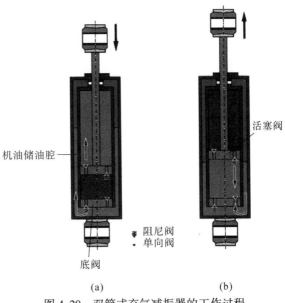

图 4.20 双筒式充气减振器的工作过程
(a) 压缩阶段；(b) 回弹阶段

减振器的工作过程。在压缩阶段，减振由底阀和活塞阀运动阻力（只占一部分）来确定。活塞杆挤出的液压油流入储油腔，底阀对这些液压油的流动会施加一定的阻力，从而降低了液压油的流动速度。在回弹阶段，活塞阀单独承担减振作用，对向下流动的液压油施加一定的阻力。工作腔内所需的液压油可以通过底阀上的单向阀毫无阻碍地回流。

2）阻尼力

阻尼力由以下因素决定：排出的液压油量、阻尼阀形成的流动阻力、液压油黏度及活塞运动速度。阻尼力可以通过试验设备测量。图 4.21 所示为双筒式充气减振器的速度特性曲线。在速度恒定时，试验机会产生不同的压缩和回弹行程，因此产生了不同的压缩和回弹速度。基于上述数据得到力-行程曲线，经过转换后形成力-速度曲线。这两种曲线直观地反应阻尼力与活塞速度之间的关系，即双筒式充气减振器的速度特性曲线。双筒式充气减振器的速度特性曲线分为线性、递增和递减 3 种。

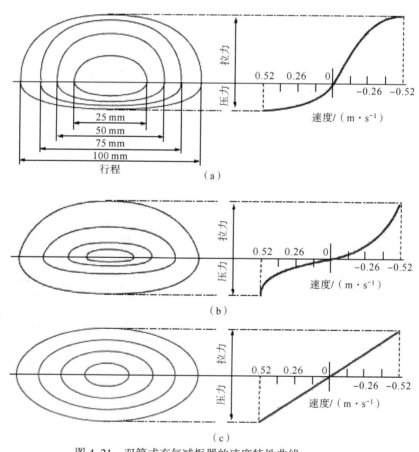

图 4.21 双筒式充气减振器的速度特性曲线

(a) 递减；(b) 递增；(c) 线性

在设计中,可采取措施使速度特性曲线满足空气悬架系统的要求。双筒式充气减振器通常采用递减的速度特性曲线。正常的双筒式充气减振器具有特定的速度特性曲线,这样的双筒式充气减振器已经与正常车身重量匹配过了。在底盘匹配良好的汽车中,双筒式充气减振器可以满足大多数驾驶条件。底盘的匹配是车辆驾驶安全性(驱动力)和舒适性的折中。负载的增加降低了衰减程度(悬架质量阻尼效应),从而严重影响驾驶动态性;反之,汽车处于卸载状态下时,衰减程度增加,会对乘坐舒适性产生不利影响。

3)气动减振控制(Pneumatic Damper Controll,PDC)减振器

为了在部分负载和满负载之间保持衰减恒定,无级式符合识别装置安装在车辆的后桥上。恒定的车身频率和空气弹簧使车身的振动特性几乎与负载无关。图 4.22 所示为传统减振器与 PDC 减振器衰减样度的比较。在部分负载下,可以实现良好的车辆驾驶舒适性,并且在满负载时,可以确保车身运动并获取充足的减振刚度,PDC 减振器就是为达到上述功能而设计的,采用该减振器,阻尼力在空气弹簧压力发生变化后随之调整。图 4.23 所示为不同充气压力下 PDC 减振器的速度特性曲线。

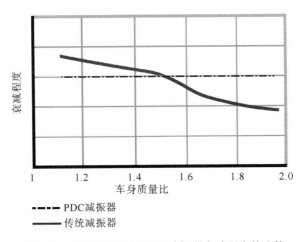

图 4.22　传统减振器与 PDC 减振器衰减程度的比较

阻尼力的变化是通过一个单独的 PDC 阀来实现的,PDC 阀集成在 PDC 减振器内,通过一根软管与空气弹簧相连。空气弹簧压力(该压力与载荷成比例)作为可调参数来控制 PDC 阀上的可变节流口,这就影响了流动阻力,也就影响了回弹和压缩时的阻尼力。在为了平衡空气弹簧时不出现动态压力变化(压缩和回弹),PDC 阀的空气接口上装有一个节流阀。

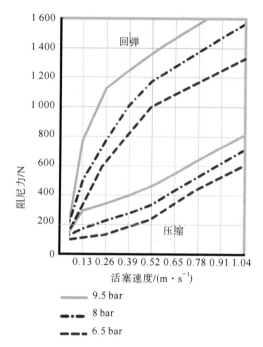

图 4.23 不同充气压力下 PDC 减振器的速度特性曲线

4）四级空气悬架系统

设计一款在普通道路和恶劣道路上具有相同完美性能的汽车非常困难。在正常状态下，越野车的强项在公路上就成为弱项。行驶在凹凸不平的路面上对最小离地间隙提出更高要求，造成车辆重心升高。车辆重心升高后车辆无法实现快速转弯，高速行驶时驾驶稳定性降低。除此之外，重心高的车辆行驶时产生的空气阻力更大，导致需要消耗更多燃油。与此同时，公路行驶车辆（轿车）存在短弹簧行程，无法与底盘匹配，车辆处于越野状态时会降低驾驶舒适性。若可以调整车辆离地间隙，则可以解决该矛盾（可以在所有道路上使用）。利用上述技术可实现四级空气悬架系统，它是基于水平调节机构不断研发而获得的空气悬架系统。

四级空气悬架系统作为目前全支承式水平调节机构，前桥部分应用传统减振器，后桥部分安装基于载荷的减振器，其中，包含 4 种不同水平的传感器，其功能是获取每个车桥的真实水平状态。所有空气弹簧都安装对应的空气弹簧阀，因此任意一个车桥都可以独立调节。四级空气悬架系统为蓄压系统，它提升了系统的可用性，减少了系统运行噪声，起到保护供电系统的功能。四级空气悬架系统的特性表现在包含 4 个水平高度等级，该等级内最小离地间隙的最大变化值为 66 mm，调节方式分为两种，分别为自动调节与手动调节。表 4.1 所示为 4 个水平高度等级。

表 4.1 4 个水平高度等级

等级	描述	等级	描述
第一级	低（TN）	第四级	高 2（HN2）
第二级	正常（NN）	驻车级 PN	高 1
第三级	高 1（HN1）	—	—

（1）自动降低。驾驶员可以操作向上按钮或减少按钮来调节底盘高度。边界条件根据车辆行驶速度设置，在高 1 与高 2 状态中应用最理想。车辆行驶状态为高 2，行驶速度大于 35 km/h，自动调整底盘高度到高 1 状态；车辆行驶速度小于 30 km/h，车辆行驶状态为高 2；若车辆在高 1 状态下行驶速度大于 80 km/h，则将自动降至正常状态；当车速小于 75 km/h 时，只能（手动）进入高 1 状态。当车辆行驶时，不会自动进入高 1 或高 2 状态，驾驶员必须手动选择驱动程序，停车状态不包含在内。车辆停止运行时，锁定车门并关闭发动机，车辆底盘自动调整为高 1 状态。图 4.24 所示为空气悬挂自动降低脉谱图。

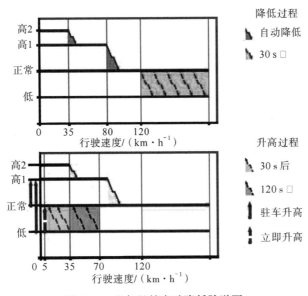

图 4.24 空气悬挂自动降低脉谱图

（2）高速公路模式。在车辆行驶速度大于 120 km/s，行驶时间大于 30 s 的情况下，车辆一直处于高速行驶状态，车辆自动调节底盘高度为低状态，可减小风产生的阻力，节约汽车燃料，使车辆重心下降。

（3）驻车调节。驻车状态可保证车辆处于停车状态时发动机停止运行后具有一定的底盘高度（在扩散与冷却作用下体积减小现象较为常见）。除此之外，驻车调节便于人们装卸货物，也改善了停放车辆的外观。车辆处于停车状态时底盘高度与高1状态相同。在以下条件下，车辆底盘将调整到驻车状态：在四级空气悬架系统还在继续运行且已从外面将车辆上锁时；在蓄压器内还有足够的压力时；在四级空气悬架系未被切换到手动模式时。

（4）ESP-安全切换。从车辆安全方面考虑，转弯行驶时无法切换车辆底盘高度。如果识别出汽车处于转弯状态，那么就不会执行调节过程，正在进行的调节过程也会被终止。

要想将设定的底盘高度存储起来，在识别出车辆直线行驶后会重新按此调节。在奥迪汽车中，按 ESP 按钮将激活 ESP 干涉功能。若 ESP 干涉功能被激活（ESP 指示灯点亮），则横向动态调节（防滑功能）将不起作用。

4.4.3 空气悬架系统的控制逻辑

图 4.25 所示为空气悬挂系统的工作模式。空气悬架系统只能在驻车模式、行驶模式及起步行驶模式/空转运行模式下进行调整，若车辆处于休眠模式，则无法调整。

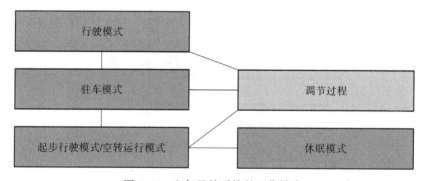

图 4.25 空气悬挂系统的工作模式

1. 行驶模式

车辆行驶速度大于 10 km/h 时称为行驶模式。

车辆处于行驶模式下，燃油消耗或温度变化而引起容积变化导致的空气悬架水平变化可以得到调节。对车辆行驶模式设置一定反应时间，使其不影响车辆的制动过程与加速过程。根据调节极限，反应时间应为 50 s～15 min。

2. 驻车模式

车辆行驶速度小于 5 km/h 时称为驻车模式。

在驻车模式中，可以在较短的反应时间内调节水平偏差（由乘员上、下或行李箱装载或卸载引起的），以便在起动前尽快达到指定的水平。通常反应所需时间为 1 s 或者 5 s，根据水平偏差情况确定反应时间。在空气悬架位置低的情况下所需反应时间为 1 s，在正常偏差下所需反应时间为 5 s。

3. 起步行驶模式/空转运行模式

ECU 将在点火开关关闭后跳转为起步行驶模式或者空转运行模式，在进入休眠模式前 ECU 激活状态最长时间为 15 min。

起步行驶模式/空转运行模式的功能是对车辆行驶前或者车辆停止后产生的水平偏差进行调节。

在起步行驶模式/空转运行模式下，增加 25 mm 的弹簧回弹方向的最大值，目的是控制并缩短调节时间，以避免乘员或者驾驶员上车导致空气悬架下降到最低阈值。

4. 休眠模式

为了使功耗最小，ECU 在空气悬架系统静止 15 min 后自动切换为休眠模式，在该模式下不存在水平调整。基于门接触信号实现"唤醒"，若门接触信号出现问题，就由点火开关接通信号或车速信号来"唤醒"空气悬架系统。由车门接触信号来触发休眠模式与起步行驶模式/空转运行模式之间的切换，最多可进行 5 次。

5. 举升模式

若通过升降机提升车辆，则空气悬架系统处于与升起时相同的状态，即排除空气悬架系统中的全部压力。通常，车辆放气后车身出现下沉，降低到某个规定值后停止放气。由于车辆在举升时不会达到规定的水平高度，所以空气悬架系统内的压力就会降至剩余保持压力。ECU 基于上述问题设置举升模式，用于排气期间分析液位信号，以确定举升状态（虽在排气但不下沉），同时切换为举升模式。若识别到车辆处于举升状态，则停止调节与排气。对有关信号进行分析后，驾驶员可通过按相应按钮退出举升模式。

6. 过热保护

车辆温度高于阈值后需要将压缩机关闭，以有效避免压缩机出现过热现象。ECU 内集成温度模块，其功能是有效监控车辆温度，并对压缩机实际温度进行计算。根据压缩机冷却时间与运行时间对温度值进行计算。最长工作时间限制为 120 s（若超过会有故障记录），每冷却 6 min 可允许压缩机工作 15 s。冷却 48 min 后，压缩机可以运行 120 s（最长工作时间）。

7. 蓄电池保护

关闭车辆的点火开关后，限制压缩机最长工作时间为 1 min，可有效保护蓄电池功能。空气悬架系统关闭后，只能在点火开关再次打开后才能启动。

第 5 章

新能源汽车控制技术

5.1 电动汽车电动机驱动系统

5.1.1 电动汽车电动机驱动系统概述

1. 电动汽车电动机驱动系统的组成结构

电动汽车最重要的部分为电动机驱动系统,其组成部分包括功率转换器、电动机、控制器、电源及不同类型的检测传感器;其功能是通过驾驶员切换电池动力为汽车行驶的动能,或把动能反馈回电池。

早期电动汽车主要使用直流电动机驱动系统,但直流电动机需要频繁维护换向器设备。随着电子技术的发展,直流调速逐步被交流调速替代,现代电动汽车通常使用3种类型的电动机驱动系统:永磁电动机驱动系统、异步电动机驱动系统及开关磁阻电动机(Switched Reluctance Motor,SRM)驱动系统。

功率转换器通常包括 DC-DC 功率转换器、DC-AC 功率转换器等,并且所需的形式基于所选电动机的类型,其功能是将直流电源(电池)转换为符合电动机驱动电流要求的直流、交流或脉冲电源。

控制器通过计算各种传感器指令,结合运算、逻辑判断和分析比较等过程向功率转换器发出指令,使整个电动机驱动系统有效运行。

检测传感器主要检测电压、电流、速度、扭矩和温度,其功能是提高电动机的调速性能,满足系统要求。对于永磁电动机或开关磁阻电动机,必须配置电动机角度和位置传感器。

2. 电动汽车电动机驱动系统的基本类型

根据电动机的工作原理,电动机可分为感应电动机、直流电动机、开关磁阻电动机和永磁电动机。

1）感应电动机

电动汽车中感应电动机应用较多，感应电动机使用变频调速，可以达到无级变速，减少机械传动，车辆传动效率得到迅速提升。另外，感应电动机可以容易地实现电动机的正、负旋转，并且再生制动能量的恢复也更简单。当使用笼式转子时，感应电动机还具有结构简单、坚固、可靠、维护简单等优点。

2）直流电动机

直流电动机的特点是控制速度模式简单、驱动力大且起动加速技术更成熟等；但是直流电动机的电枢电流需要换向器与电刷共同引入，转换过程中会出现电火花，换向器存在烧毁危险，容易磨损刷子，因此使用一定周期后需要更换，后期维护投入人力物力大。目前电动汽车不再使用直流电动机。

3）开关磁阻电动机

开关磁阻电动机作为当前一款新型电动机，优势在于运行可靠性高、结构简单、工作效率高等。与普通感应电动机相比，开关磁阻电动机的调速系统运行性能和经济性能更高，未来发展与应用前景广阔。

4）永磁电动机

永磁电动机主要分为两种形式：永磁直流无刷电动机和永磁同步电动机。永磁直流无刷电动机是一种高性能电动机，既有感应电动机的维护便捷、结构简单及运行可靠性高等优势，又有无励磁损耗、投入运行费用少、调速性能高及运行效率高等特点，因此其在电动汽车上的应用越来越广泛。永磁直流无刷电动机与永磁同步电动机在结构上基本相同，差异主要表现在永磁同步电机使用正弦波驱动。永磁同步电动机拥有永磁直流无刷电动机的所有优势；同时，具有体积小、产生噪声小、功率密度较高、转动惯量小、脉动转矩小及控制准确性高等特性，尤其在混合动力电动汽车中应用最多，可降低系统容量，提高车辆性能和行驶的平稳性。

随着电力电子技术和计算机技术的发展，新的电动机理论和控制方法的出现促进了新型电动机驱动系统的快速发展，因此，高密度、高效率、低成本、轻量化、宽速牵引电动机驱动系统已成为各国研发的热点，如永磁交流无刷电动机、永磁开关磁阻电动机。

5.1.2 直流电动机

直流电动机的功能是转换直流电能为机械电能。直流电动机具有明显的优点——起动和调速性能好、易于控制、可靠性高，广泛应用于纯电动汽车、无轨电车和现代纯电动汽车；其缺点是存在换向问题、极限容量有限、维护工作量大。

1. 直流电动机的分类

直流电动机主要分为两类,即永磁型直流电动机与绕组励磁型直流电动机。电动汽车所采用的电动机中,小功率电动机则选择永磁型直流电动机,而大功率电动机则选择绕组励磁型直流电动机。

2. 直流电动机的结构与特点

1) 直流电动机的结构

转子与定子共同构成直流电动机的基本结构。在运行期间静止的直流电动机部分称为定子,定子的主要功能是产生磁场。定子由底座、主杆、换向杆、端盖、轴承和电刷装置组成。在运行期间将旋转部件称为转子,用于生成感应电动势与电磁扭矩,是一种用于能量转换的直流电动机的枢纽,因此,通常也称为电枢。直流电动机由轴、电枢铁芯、电枢绕组换向器和风扇组成。

2) 直流电动机的特点

(1) 调速性能强。直流电动机可以在重负荷条件下,实现均匀平滑的无级调速,调速区间更广。

(2) 具有更大的起动转矩。直流电动机可以均匀而经济地实现转速调节,凡是在重负荷下起动或要求调节转速均匀的机械,如绞车、可逆式轧机、电车及电动摩托车等,均可采用直流电动机拖动。

(3) 控制简单。直流电动机通常利用直流斩波器进行控制,优势在于控制灵活性强、运行效率高、体积小、响应速度快。

(4) 存在易损件。直流电动机具有易损件,因此需要定期维护或更换。

5.1.3 永磁电动机

永磁电动机具有效率高、控制精度高、转矩大、转矩平稳性良好等特点,常见类型主要为永磁同步电动机和永磁无刷直流电动机。作为极具竞争力的电动车驱动系统之一,永磁电动机越来越受到国内外电动汽车行业的关注。

1. 永磁电动机的分类

永磁电动机根据结构可分为永磁同步电动机和永磁无刷直流电动机;根据在电动机接线端输入的波形可分为永磁交流电动机与永磁直流电动机。

1) 永磁同步电动机

(1) 永磁同步电动机的结构。

永磁同步电动机根据波形不同可分为方波驱动与正弦波驱动永磁同步电动机。在此,重点介绍三相正弦波驱动永磁同步电动机。永磁同步电动机与普通电动机相同,其组成部分都包括转子与定子。

① 定子。永磁同步电动机的定子与传统感应电动机的定子基本相同,由电

枢铁芯和电枢绕组组成。电枢铁芯通常采用直径为 0.5 mm 的硅钢冲压而成。对于高效率或高频率的永磁同步电动机，为了减少铁的消耗，可以考虑采用直径为 0.35 mm 的低损耗冷轧硅钢片。

② 转子。转子的组成部分有转子芯、永磁体及旋转轴等。制造永磁体的材料分为钕铁硼永磁与铁氧体永磁。转子芯可以由实心钢制成，也可以根据不同的磁极结构由钢板和硅钢板层压而成。对比传统感应电动机，永磁同步电动机需要安装转子永磁位置检测器，其主要功能是对磁极位置进行检测，并控制电枢电流，从而实现驱动永磁同步电动机的目的。

按照永磁体在转子上位置的不同，永磁同步电动机的磁极结构可分为表面式和内置式。

① 表面转子磁路结构。该结构以瓦片状结构为主，安装在转子芯表面，永磁体向永磁同步电动机提供所需的磁通量径向方向，转子根据表面结构可以分为嵌入型与凸出型两种类型。

凸出型转子具有结构简单、制造成本低、转动惯量小等优点，广泛应用于方波驱动永磁同步电动机和恒功率工作范围的正弦波驱动永磁同步电动机。嵌入型转子可以充分利用转子磁路不对称产生的磁阻扭矩提高永磁同步电动机的功率密度，动态性能较凸出型转子有所提高，制造工艺简单，但漏磁系数与制造成本要比凸出型转子高。

② 内置转子磁路结构。永磁体在转子内部，使用铁磁材料生产制造极靴，位于永磁体定子芯与外表面内圆间。铸铝保持架或铜保持架可放置在极靴中。其动态性能良好，广泛用于要求有异步起动能力或动态性能高的永磁同步电动机。内置转子磁路结构按照转子旋转方向与永磁体磁化方向间的关系可分为切向型、径向型及混合型 3 种。

（2）永磁同步电动机的特点。

永磁同步电动机转子采用永磁体，转子无绕组，无铜耗，磁通量小，低负载时铁损小，具有以下优点：

① 高效节能。永磁同步电动机不需要被激励，因此节省了激励所消耗的功率。它具有高效率（高达 97%）、高比功率（超过 1 kW/kg）和高输出扭矩/转动惯量比，其效率优于类似三相感应电动机 10%~15%。

② 具有良好的可靠性。永磁同步电动机与电源频率同步，不受电源电压和负载变化的影响，在额定负载范围内以同步速度旋转。它在工作期间运行平稳，电流损耗低，在高速旋转时具有良好的可靠性。

③ 调速性能良好。永磁同步电动机调速范围宽，调速精度高，效率高，噪声小，性能可靠。

④ 结构简单，寿命长，维护方便，体积小。

同时，与其他电动机相比，永磁同步电动机具有以下不足：

① 永磁同步电动机使用永磁体作为转子，该部分无法调节，在此通过添加多个定子直轴的方式来减弱磁场，这增加了定子的电流，使永磁同步电动机产生铜损。

② 起动慢。由于转速与频率成比例关系，因此，只有当频率升高时永磁同步电动机才能逐渐起动，而不能快速起动。另外，永磁同步电动机会出现"失步现象"，因此较适合在重载下运行。

③ 永磁同步电动机的磁钢价格较高。

永磁同步电动机由于质量小、功率密度高、体积小及转动惯量小等特点而在电动汽车上广泛应用。除此之外，其具有较强的过载能力与更大的扭矩惯量，尤其是在电动汽车低速行驶过程中可迅速加速。目前，世界各国电动汽车制造商已开始重点关注永磁同步电动机。

（3）永磁同步电动机的控制。

永磁同步电动机具有突出的优点和相应的缺点。要想更好地提高永磁同步电动机的性能，则必须对其进行控制，应构建控制系统，使其具有更快的响应速度、更大的转速、更宽的调速范围，动、静响应能够与直流电动机调速控制系统媲美，因此，人们提出了各种控制策略应用于永磁同步电动机控制，如恒压频比开环控制、直接扭矩控制及矢量控制等。为了提高永磁同步电动机的控制性能和控制精度，模糊控制、人工神经网络控制等智能控制方法开始应用于永磁同步电动机控制。

2）永磁无刷直流电动机

永磁无刷直流电动机根据工作特性可分为拥有直流电动机特性与拥有交流电动机特性的永磁无刷直流电动机两种。

永磁无刷直流电动机包含直流电动机的所有特性，反电动势波形和供电电流波形都是方波，所以又称为方波同步电动机，使用的供电电源为直流电。永磁无刷直流电动机中的位置传感器的功能是对主旋翼位置进行检测，获取的信号对相关电子换向电路触发，达到非接触式换向的目的。

包含交流电动机特性的永磁无刷直流电动机，反电动势波形和供电电流波形为正弦波，所以又称为正弦波同步电动机，采用直流电源供电。逆变器用于转换直流电为交流电，驱动传统同步电动机，所以，它具有传统同步电动机的各种运行特性。

（1）永磁无刷直流电动机的结构。

电子换向器、电动机本体及位置传感器3部分共同构成永磁无刷直流电动机。

① 电动机本体：转子与定子两部分构成电动机本体。

② 电子换向器：其组成部分主要包括位置信号处理电路与电源开关，其功能是对定子中的所有绕组的时间与顺序进行控制。

③ 位置传感器：位置传感器在永磁无刷直流电动机中起检测转子磁极位置的作用，为功率开关电路提供正确的换向信息，即将转子磁极的位置信号转换成电信号，经过位置信号处理电路处理后控制定子绕组换向。

（2）永磁无刷直流电动机的特点。

① 优势。外部特性较佳，与电动汽车负载特性要求相符，尤其是具有大扭矩特性与低速运转特性，可向电动机提供所需的起动扭矩，符合电动汽车在加速方面提出的需求；车辆更好地运行于低速、高速及中速下，而有刷电动机由于受到机械换向的影响而无法在中速与高速下使用；效率更高，特别是在轻载车辆中可以保持高效率，在节约电池能量方面具有重要意义；有更强的过载能力，过载能力高于交流电动机 2 倍，符合电动汽车在突然阻断上提出的需求；再生制动强，由于无刷直流电动机转子磁场强，汽车制动或者下坡时永磁无刷直流电动机可以完全处于发电机状态，向电池充电，并具有制动车辆功能，降低车辆机械制动负担；功率高、体积小，车辆自身质量减小，可节约一定空间；采用无机械换向器全封闭结构，可避免灰尘沉积，可靠性更高；与感应电动机相比，控制系统操作更便捷。

② 不足。永磁无刷直流电动机控制系统比较复杂，励磁不能控制，机械特性较"硬"；输出波形若不理想，会发生较大的脉动扭矩波动和冲击力，影响低速性能，电流损耗大，噪声较大；永磁体在高温时会发生退磁现象等。

（3）永磁无刷直流电动机的工作原理。

永磁无刷直流电动机的工作原理是通过获取位置传感器输出信号控制电子换向线路去驱动逆变器的功率开关器件，使电枢绕组依次馈电，从而在定子上产生跳跃式的旋转磁场，拖动转子旋转。在磁场驱动下，永磁无刷直流电动机转子发生旋转，由位置传感器持续发送位置信号，并对电枢绕组通电情况进行调整，从而使导体电流方向处于某个极点下固定不变，而永磁无刷直流电动机不断旋转。

（4）永磁无刷直流电动机的控制。

基于转子位置数据获取方式，永磁无刷直流电动机的控制分为有位置传感器控制与无位置传感器控制。

有位置传感器控制是指将位置传感器安装在永磁无刷直流电动机定子上，用于检测转子旋转过程中的位置，转换转子磁极位置信号为电信号，向永磁无刷直流电动机提供准确信号与电子换向电路所需的换向参数。根据电子换向电路中功率开关管实际开起状态对永磁无刷直流电动机位置进行控制，保证永磁无刷直流电机各相按照顺序连通，从而在空间内产生跳跃旋转磁场，进一步将转子驱动实现持续旋转。在永磁无刷直流电动机上安装的位置传感器分为 3 种类型，分别为磁敏晶体管位置传感器、霍尔元件位置传感器及光电位置传感器。

无位置传感器的控制无须安装位置传感器，其已在更多领域应用，与有位置传感器控制相比表现出一定优势。最近几年，永磁无刷直流电动机无位置传感器控制成为更多人关注的重点。在永磁无刷直流电动机无位置传感器控制中，不直接使用位置传感器，但在永磁无刷直流电动机的工作过程中仍需要转子的位置。目前，永磁无刷直流电动机无位置传感器控制的研究方向是，采用何种软件与硬件间接得到可靠性更高的转子位置信号。

5.1.4 异步电动机

异步电动机也称为感应电动机，其在转子绕组与气隙旋转磁场产生的感应电流作用下生成电磁扭矩，实现能量转换功能。

1. 三相异步电动机的结构和特点

1) 三相异步电动机的结构

转子与定子是三相异步电动机的重要组成部分。转子安装在定子腔中，定子和转子之间有间隙，称为气隙。

（1）定子。定子主要由定子芯、定子绕组和基座组成。

（2）转子。转子主要由转子芯、转子绕组和转轴组成。整个转子由端盖和轴承支撑。转子的主要功能是产生感应电流以形成用于能量转换的电磁扭矩。

（3）气隙。三相异步电动机性能受到转子与定子间气隙大小的直接影响。变压器中铁芯构成主磁路，其磁阻小，产生一定主磁通量所需的励磁电流非常小，通常为额定电流的5%。三相异步电动机具有转子芯、主磁路及两个气隙。虽然气隙较小，但是产生的磁阻较大，由此生成的大量主磁通量所需的励磁电流很大，通常是额定电流的30%。绝大多数励磁电流为无功电流，励磁电流较大，导致三相异步电动机功率因数减小，因此需要减小励磁电流。要实现三相异步电动机功率因数的迅速增大，目前的最佳方式是缩短气隙长度。三相异步电动机的制造流程限制了三相异步电动机的气隙长度，通常中小型三相异步电动机的气隙长度为 0.2~1.5 mm。

2) 三相异步电动机的特点

三相异步电动机的特点是转子绕组无须与其他电源连接，获取交流电源系统中的定子电流即可；通过对比其他电动机，三相异步电动机的生产流程简单，操作与后期维护难度低，质量小，投入成本低，运行可靠性高。对三相异步电动机的应用情况进行分析，比较速度与功率相同条件下的直流电动机，得出三相异步电动机的质量是直流电动机的一半，成本仅为直流电动机的1/3。三相异步电动机还容易根据不同环境条件，派生出各种产品；同时，三相异步电动机具有与恒定速度接近的负载特性，符合大部分农业生产与工业生产机械拖动的需求。

三相异步电动机也具有不足之处，旋转磁场与转速同步速度滑移率为一个定值，调速能力差；在要求有较宽广的调速范围的使用场合，与直流电动机相比经济性与便捷性较差。除此之外，三相异步电动机正常工作后获取电力系统中的无功功率用于激励，造成电力系统功率因数恶化，因此，在高功率和低速的情况下，最好使用同步电动机。

2. 异步电动机的控制策略

异步电动机是一种多变量、多输入/输出系统，其中，可变电压（电流）、频率、磁通量和转速相互作用，因此它是一个强耦合的多变量系统。如何有效地控制非线性、多变量和强耦合复杂系统是异步电动机研究的重点。异步电动机主要将经典控制理论和现代控制理论结合在自动控制理论中，形成了不同的控制模式与策略。其中矢量控制（Vector Control，VC）、转差控制、恒压频比开环控制（Variable Voltage and Variable Frequency，VVVF）及直接扭矩控制（Direct Torque Contrnl，DTC）是异步电动机速度的4种主要控制模式。

恒压频比开环控制本质上只能实现对异步电动机的磁通控制，无法对异步电动机扭矩进行控制。该控制方法的控制效果很差，通常只用于对调速性能要求一般的通用变频器。

转差控制是根据异步电动机电磁转矩和转差频率的关系来直接控制异步电动机扭矩，同时，在某个区间内将滑差调整到一定程度对异步电动机扭矩进行控制，该方式可以让速度控制系统的控制性能得到一定的提高，但是，这种控制理论是在异步电动机稳态数学模型上实现的，适用于异步电动机速度变化缓慢或动态性能不高的场合。

5.1.5 开关磁阻电动机

开关磁阻电动机也称为磁阻电动机，它的结构比其他任何一种电动机都要简单。开关磁阻电动机功率密度高，扭矩-转速特性好，有高起动扭矩和低起动功率，效率也可以达到85%~93%。其转矩、转速在较宽的转速范围内可以灵活地控制，调速控制简单。开关磁阻电动机结构坚固、可靠性高，因此，它是一种具有发展潜力的新型电动机。

1. 开关磁阻电动机的结构与特点

1）开关磁阻电动机的结构

带双凸极转子与定子两个组件共同构成开关磁阻电动机。定子与转子均由普通硅钢片经过层压后形成。集定子极上绕有集中绕组，把沿径向相对的两个绕组串联成一个两级磁极，称为"一相"；转子既无绕组又无永磁体，仅由硅钢片叠成。

开关磁阻电动机由各种类型的相数结构组成，如单相、二相、四相及多相等，且定子和转子的极数有多种不同的搭配。低于三相的开关磁阻电动机通常不具有自起动能力。相数多的开关磁阻电动机可减小扭矩脉动，结构复杂，投入费用多且需要多个主开关装置。目前，四相8/6极结构和三相6/4极结构的开关磁阻电动机被广泛使用。

2) 开关磁阻电动机的特点

开关磁阻电动机与其他电动机相比有以下优势：

（1）调速性能好并具有多个可控参数。直流电源电压、主开关角度及相电流幅值是几项重要可控参数，采用四象限方式操作，便于控制，反转、制动、正转及电动等调节控制功能容易实现。

（2）投资少，结构更简单。开关磁阻电动机转子没有绕组，也没有永磁体，定子为集中绕组，易于制造和维护。功率转换器结构相对简单，主开关部件的数量很少，减少了电子设备。

（3）损耗低和运行效率高。开关磁阻电动机的转子没有励磁和滑差损耗，功率转换器元件少，相应的损耗小；控制灵活，易于在各种速度下实现高效节能控制。

（4）起动电流小，扭矩大。在额定电流仅达到15%的情况下可起动100%的扭矩，这与开关磁阻电动机的工作模式与特殊结构有关。

开关磁阻电动机的不足之处：噪声与振动幅度大，扭矩脉动严重，尤其是在负载运行的时候；出线头相对较多，并有位置检测器出线端；数学模型比较复杂，其准确的数学模型较难建立；控制复杂，依赖于其结构。

2. 开关磁阻电动机的控制

控制开关磁阻电动机需要建立相应的调速控制（Switched Reluctance Drive，SRD）系统，其主要由4部分组成：开关磁阻电动机、电源电路、控制器和角位移传感器。

针对开关磁阻电动机的自身参数，如开通角和关断角进行控制。目前使用的主要控制方法是电流斩波控制（Current Cut Control，CCC）、角度位置控制（Angle Position Control，APC）和电压控制（Voltage Control，VC）。除了上述控制方法外，模糊控制、人工神经网络控制等智能控制方法可以控制电源转换单元，也可以实现速度的调节。

1) 电流斩波控制

开头磁阻电动机处于低速运行状态（尤其是在起动过程中）时，电压下降，相电流不断增大。此时需要对电流峰值进行限制，并设置阈值，可采用电流斩波控制，获取恒扭矩的机械特性。电流斩波控制一般不会对开通角、关断角进行控制，它将直接选择在每相的特定导通位置进行电流斩波控制。

目前有两种方案：限制电流的上限和下限以及限制电流的上限和恒定的关闭时间。

电流斩波控制的优点是适用于开关磁阻电动机的低速调速系统，可以控制电流峰值的增加，并具有良好的电流调节功能。其原因是每相的电流波形将具有更宽的平顶形状，使产生的扭矩相对稳定，并且扭矩的波动相应地小于其他控制方法，但是，由于电流峰值有限，当开关磁阻电动机速度在负载扰动下发生变化时，电流峰值不能相应改变，因此，系统的特性比较"软"，动态响应负载扰动下的系统非常慢。

2）角度位置控制

角度位置控制的基本原理是在绕组上施加恒定电压，通过改变绕组上的主开关的开通角和关断角来改变绕组的通、断电时刻，调节相电流的波形，实现转速闭环控制。

基于电动势平衡方程，开关磁阻电动机高速旋转时产生更高的电动势，相应的电流率降低，导通不同相主开关器件所需时间较短，开关磁阻电动机电流小，电流绕组上升困难，这对应用角度控制方式更有利。

因为开通角和关断角都可调节，所以将角度位置控制分为3种模式，即变开通角、变关断角和同时改变开通角及关断角。变开通角模式会更改当前波形峰值、宽度及有效值，同时，对电感波形与电流波形的相对位置进行调整，从而调整开关磁阻电动机的转速度与扭矩。一般情况下，关断角对电流峰值不产生影响，但可改变电流波形的宽度及其与电感曲线的相对位置，进而改变电流的有效值，故通常采用固定关断角，变开通角的控制方式。

基于开关磁阻电动机扭矩特性研究，电流波在电感上升区域内生成正平均电磁扭矩，开关磁阻电动机处于电功工作状态；电流波在电感降低区域内生成负扭矩与平均电磁力，电动机处于制动状态。在控制关断角与开通角后，可以使电流波的波形在绕组电感波形的任何位置，因此，通过控制开通角和关断角，开关磁阻电动机可以在不同的状态下进行操作。

角度位置控制的优点是扭矩调节范围宽；多相可同时通电，增大了开关磁阻电动机的输出扭矩，减小了扭矩脉动；通过优化角度可以实现最佳控制或扭矩。通过角度的优化能实现效率或扭矩的最优控制。旋转电动势在低速时很小并且电流峰值增加，因此必须采取相应的措施来限制电流。

3）电压控制

电压控制是在保持开通角和关断角不变的前提下以脉冲宽度调制（Pulse Width Modulation，PWM）模式操作功率开关器件。调节在绕组上施加的电压平均值时常用的方式为调节PWM波占空比，由此可以实现对绕组转速与电流值的调节。

电压控制的优点是通过调节绕组电压的平均值来调节电流，因此，它可用于低速和高速系统，控制简单，但其速度范围有限。在实际的调速控制系统应用程序中，还可以使用多种组合控制方式，如低速电流斩波控制与高速角度位置控制组合、固定角度电压斩波控制与可变角度电压斩波控制组合等。这些组合方法各有优、缺点，因此，有必要合理选择不同应用和不同性能要求的控制方法，以使开关磁阻电动机运行在最佳状态。

5.1.6 轮毂电动机

目前，电动汽车的电动机和电池性能基本满足了汽车性能的要求，在新结构、新控制和新技术方面显示出巨大的发展潜力。在所有形式的电动汽车中，电动汽车的最终发展趋势为轮毂电动机驱动模式电动汽车。轮毂电动机的快速响应特性可提高电动汽车的动态控制能力，使电动汽车在驱动、制动、转向等多种行驶工况下均具有较好的表现。轮毂电动机不但可以进行防抱死控制、牵引力控制、扭矩矢量控制，还可以进行主动平顺性控制，因此，轮毂电动机可以替代传统汽车底盘中的绝大部分执行机构。目前对轮毂电动机来说，最重要的技术是将电动机、传动系统、制动系统和悬架系统共同嵌入车轮。体积过大是轮毂电动机驱动模式电动汽车普及过程中的一个障碍。

1. 轮毂电动机驱动系统的结构

轮毂电动机驱动系统的组成部分包括制动器、轮毂电动机、散热系统及减速机构。根据轮毂电动机的转子类型，轮毂电动机驱动系统主要分为外转子型与内转子型两种类型。外转子型采用转速较低的外转子轮毂电动机，轮毂电动机转速最大可以达到1 500 r/min，没有减速装置，轮毂电动机的外转子通过轮辋固定或集中，车轮的转速等于轮毂电动机的转速。内转子型配备固定齿轮比减速器与高速内转子轮毂电动机。

轮毂电动机驱动系统根据轮毂电动机的磁场类型可分为径向磁场与轴向磁场两种类型。

2. 轮毂电动机驱动系统的驱动模式

轮毂电动机驱动系统按照所采用的轮毂电动机转子类型分为直接驱动与减速驱动两种模式，轮毂电动机可分为高速内转子轮毂电动机与低速外转子轮毂电动机两种。

1）直接驱动

采用直接驱动模式的轮毂电动机驱动系统安装低速外转子轮毂电动机，与车轮、电动轮共同构成一个组件，车轮中安装电动机，应用电子差速器模式通过驱动车轮的方式将汽车驱动。这种驱动方式的优势在于质量小、体积小、投入费用少、结构紧凑及传统效率高。该模式在车辆设计与结构布置方面具有优势,后期改造简单。这种电动轮在车轮边缘位置安装外转子,用于驱动车轮使其正常旋转。

起动电动汽车时需要较大的扭矩,因此,直接驱动型电动轮中安装的电动机要采用低速方式向其提供更大的扭矩。电动机设置速度调节与扭矩调节装置,让电动汽车的动力更强。电动机运行后产生振动与冲击,相应地必须具备可靠性更高的车轮支架与轮辋。车辆簧下负载质量高,要保证车辆驾驶的舒适性,就要对悬架系统阻尼元件与弹性部件进行进一步优化。车轮尺寸与大小直接限制输出功率与扭矩,导致系统成本增加。

直接驱动模式的优点:无须设置减速机构,可简化驱动轮结构,使其结构更紧凑,缩短轴向直径,运行效率与响应速度得到一定提升。

直接驱动模式的不足:车辆顶风、起动及爬坡运行时需要大扭矩与大电流,对永久磁铁与电池产生损坏;由于轮毂电动机效率峰值面积较小,一旦负载电流大于某个阈值则效率迅速降低。这种方式更适用于车辆轻载或者道路平坦的情况。

2) 减速驱动

带轮边减速器的轮毂电动机驱动系统安装高速内转子轮毂电动机,与现代化性能较好的电动机在运行方面提出的需求相符。减速驱动型电动轮可以承受轮毂电动机高速运转,最高转速可达 4 000~20 000 r/min,可用于获取较高的比功率,而对轮毂电动机的其他性能没有特别要求,可采用普通的高速内转子轮毂电动机。在车辆车轮与轮毂电动机之间安装减速机构,以保证轮毂电动机在低速运转下获取更大的扭矩。轮毂电动机输出轴通过减速机构连接车轮驱动轴,让轮毂电动机轴承无须承担路面与车轮产生的压力,轴承工作状态得到改善。系统中应用定速新型齿轮减速机,扩大了系统调速区间并增大了输出扭矩,让轮毂电动机速度控制特性在实际中得到了更好的应用,减小了电动机车轮尺寸与输出扭矩对功率产生的影响。设计时要将齿轮的润滑与工作噪声考虑在内,非弹簧质量与采用直接驱动模式的轮毂电动机驱动系统相比更大,因此对轮毂电动机与驱动系统提出了更高的设计要求。

减速驱动模式的优点:轮毂电动机高速运转,工作效率与比功率高,质量小且体积小;添加更多齿轮后扭矩增大,相应的爬坡性能提升;车辆低速运行时具有一定保障,平滑扭矩更大。

减速驱动模式的不足:磨损齿轮严重,无法使用液体润滑,散热性差,噪声大且应用周期短等。

减速驱动模式更适用于山区、丘陵等路况,过载能力更强。

3. 轮毂电动机驱动系统的核心技术

轮毂电动机驱动系统的核心技术表现在以下几个方面:

(1) 轮毂电动机驱动系统中集成了多项功能,包括制动、驱动及承载等,后期优化设计更难。

（2）车轮中空间较小，轮毂电动机具有更高的功率密度，设计具有一定难度。

（3）一体化电动机与车轮会造成非簧载质量大，对悬架隔振性能与车辆处于不平坦道路上的安全性与操纵性产生较大影响。与此同时，路面向轮毂电动机产生更大的冲击载荷，对轮毂电动机的抗振性提出更高要求。

（4）车辆重载和低速爬坡时，由于冷却不充分，容易冷却不足导致轮毂电动机过热烧毁，故需要重视轮毂电动机的散热和强制冷却问题。

（5）车轮部件上容易堆积污垢与水，对轮毂电动机产生一定的腐蚀甚至损坏，影响轮毂电动机的使用周期与可靠性。

（6）轮毂电动机运转扭矩出现波动后，会导致车辆轮胎转向系统与悬架产生更大的噪声与振动。

总之，用于轮毂电动机驱动系统的高速内转子轮毂电动机与低速外转子轮毂电动机均采用径向磁通永磁式电动机。对比传统永磁无刷直流电动机或者永磁同步电动机，高速内转子轮毂电动机在结构上与两者保持一致。

轮毂电动机驱动系统采用轴角变换技术，使用轴角变换芯片将旋转输出信号变换为数字位置信号，供相电流指令合成电路产生各相的电流指令。电流调节器的功能是对电流负反馈信号与相电流指令进行控制与处理，同时，对SPWM型逆变器电源电路进行控制并驱动轮毂电动机正常运行。

一般情况下，电动汽车轮毂电动机的数量为2个或者4个，对多个轮毂电动机进行协调控制。驱动电动机运行控制作为驱动电动汽车技术的核心，主要控制技术有转差控制、车辆稳定性控制、节能控制及系统动态性能优化等。牵引力控制作为稳定性控制的重点研究部分，在电池技术不够先进前，电动汽车系统综合节能策略研究也具有重要意义。电动汽车系统运行控制算法与数学模型成为全球热门研究话题，在优化与研究车辆设计方面应用广泛。

轮毂电动机驱动系统属于新型驱动系统，其在电动汽车领域的应用表现出显著优势。电动自行车也开始应用轮毂电动机，并取得了一定成果，因此，可以推断，经过进一步研究，随着电动机性能、电源控制技术、电池技术及车辆能源管理技术等突破发展瓶颈，轮毂电动机也将取得广泛应用。

5.2 电动汽车的分类、结构及原理

5.2.1 纯电动汽车的概念与种类

纯电动汽车是指以车载电源为动力，用电动机驱动车辆行驶，并符合交通、

安全法规要求的汽车。纯电动汽车的动力源为高效充电电池,不需要安装内燃机。由此可见,纯电动汽车电动机与燃油汽车发动机类似,电池与原始燃油箱类似。电能是可以通过风、水、热和太阳能获得的二次能源。

纯电动汽车可分为两种类型,即用纯电池作为动力源的纯电动汽车和具有辅助动力源的纯电动汽车。

1. 纯电池作为动力源的纯电动汽车

其使用单一电池作为纯电动汽车电源,只安装电池组,其电力传输系统由电动机、电池转换器及车轮构成。

2. 具有辅助动力源的纯电动汽车

纯电动汽车安装单一电池作为动力源,会导致电池比功率低与比能量小,同时电池组体积大、质量大。因此,一些纯电动汽车中增加了超级电容器、发电机组和太阳能电池板等辅助动力源,以提高起动性能,增加纯电动汽车的续航里程。

5.2.2 纯电动汽车的基本结构与关键技术

1. 纯电动汽车的基本结构

传统的燃油汽车主要由4部分组成:发动机、底盘、车身和电气系统。与燃油汽车相比,纯电动汽车的结构增加了电力驱动控制系统,取消了发动机。电力驱动控制系统由3部分组成:电力驱动主模块、辅助系统及车载电源模块。

车辆处于正常行驶过程中时,电池输出电能通过驱动控制器驱动电动机,电动机输出的扭矩驱动车轮通过传动系统前进或后退。纯电动汽车的续航里程与电池容量相关,多种因素严重限制电池容量,因此,只能通过节约电池能量的方式提高纯电动汽车的续航里程。

1) 电力驱动主模块

电力驱动主模块的组成部分有驱动控制器、中央控制单元、机械传动装置等。该模块主要将保存在电池中的电能转换为车轮的动能,并且当车辆制动或者处于减速状态时,可转换车轮动能为车辆行驶所需的电能并向电池充电。

中央控制单元获取车辆制动踏板与加速踏板输入信号,输入控制命令给驱动控制器,用来实现电动机制动,达到加速、减速及起动车辆的目的。

驱动控制器控制车辆的驱动扭矩、电动机转速及旋转方向,其通过获取电动机转速、中央控制单元指令及电流反馈信号等方式实现,电动机与驱动控制器必须配套使用。

纯电动汽车的发电与电动两项功能均由电动机实现,即在车辆行驶过程中充分发挥电动机能力,转换电能为机械能;车辆下坡滑行或者减速行驶时发电,同时，转换车轮惯性为电能。

机械传动装置可传递电动机驱动扭矩至车辆驱动轴，实现对车轮的驱动。

2) 车载电源模块

车载电源模块包括3部分，分别为能源管理系统、电池电源及充电控制器。其功能是为电动机提供所需的驱动电源，对电源的实际应用状态进行监控，控制充电器向电池充电。

目前，市场上常见的纯电动汽车电池包括镍镉电池、铅酸电池、锂离子电池及镍氢电池等。

纯电动汽车能源管理系统也可以称为电池管理系统，用来实时监测电池的充放电状态，并对电池温度进行控制与监测。

充电控制器将交流电转换为直流电，按照需求对电流进行有效控制。

3) 辅助系统

辅助系统的组成部分有动力转向系统、辅助动力源、多种辅助设备及驾驶室显示控制台等。辅助系统中除了辅助动力源以外，其余都可按照车辆车型重新调整。

辅助动力源的组成部分包括DC/DC电源转换器与辅助电源，用于为纯电动汽车的辅助设备提供电源，一般情况下采用24 V或者12 V的低压电源。

动力转向系统旨在实现车辆的转向，其组成部分主要包括舵机、转向盘及转向机构。转向盘上承受的控制力使转向机构偏转角度，从而实现转向盘的转动。

驾驶室显示控制台类似于传统汽车驾驶室上的仪表板，其功能与纯电动汽车的配置有关，该数据可以通过LCD屏幕或者以数字方式显示。

辅助设备主要包括风窗除霜清洁器、照明设备、各种声光信号设备、汽车扬声设备、空调、雨刷、电动门窗、电控镜调节器、电控玻璃升降器及电动座椅调节器等，其主要目的是改善车辆的操作性与舒适性，可根据需要进行选择。

2. 纯电动汽车经常使用的电力驱动控制系统布局方式

纯电动汽车最重要的部分为电力驱动控制系统，其对纯电动汽车的整体性能具有决定性作用，应根据电动机驱动方式确定纯电动汽车的电力驱动控制系统的布局方式。纯电动汽车经常使用的电力驱动控制系统布局方式有以下几个。

(1) 传统驱动方式。传统驱动方式与传统汽车驱动系统采用相同的布局，带有离合器与变速器，发动机由电动机代替。该布置可提高纯电动汽车的起动扭矩，采用低速运转方式增强纯电动汽车的备用电能。

(2) 电动机驱动轴组合方式。该方式不安装变速器与离合器，利用减速差动机构使车轮通过一个电动机旋转，其优点是可继续使用燃油汽车内的动力传动系统，并安装一组逆变器与电动机。该方式对电动机提出了更高要求，电动机在具备更大起动扭矩的同时还应具有更高的备用功率，以确保纯电动汽车爬升、起动及加速超车等的动力性。

（3）电动机驱动轴整体驱动方式。该方式在驱动轴上安装电动机，直接由电动机实现差速与变速。在该方式下，变速器向电动机提出更高要求，电动机必须具备更高的备用功率、更大的起动扭矩、准确性更高的控制系统等，以保证纯电动汽车行驶的稳定性与安全性。

（4）轮毂电动机驱动方式。该方式将电动机直接安装在驱动轮上，由电动机直接驱动车轮行驶。

3. 纯电动汽车的关键技术

1）电池及管理技术

纯电动汽车在发展过程中，电池是一项重要因素，纯电动汽车与燃油汽车在市场上竞争最关键的一点是能否开发一款能量更大、能效更强、使用时间更长、投入成本更低及功率比更高的电池。

电池性能对纯电动汽车的续航里程、加速性能及回收制动能量效率等产生直接影响，电池循环使用寿命与投入费用对纯电动汽车的可靠性与开发费用产生直接影响，因此，需要对与电池性能相关的全部参数进行优化。为了达到最佳性能和使用寿命，应根据需要将电池温度控制在某个区间内，避免封装阶段温度存在不均匀性，降低各个模块间的不均衡性，由此可避免电池性能下降等问题，消除潜在威胁。

能源管理系统是纯电动汽车的智能核心。在纯电动汽车中实施能源管理的困难在于如何建立能够基于每个电池单元的电压、温度和充电/放电电流的历史数据准确地计算电池单元的瞬时能量的数学模型。

2）电动机及控制技术

纯电动汽车中非常重要的部件之一是电动机，应首选转速大、转速区间大、体积小、起动扭矩大、运行效率高及质量小的电动机，这样的电动机具有更好的能量反馈性能与动态制动功能。

用于纯电动汽车的电动机正朝着高功率、高速度、小型化及高效率的趋势发展。

在电力驱动控制系统与电动机迅速发展的推动下，电力驱动控制系统正向着数字化、智能化的方向发展。纯电动汽车的电力驱动控制系统应用多种非线性智能控制技术，主要有人工神经网络、变结构控制、自适应控制、模糊控制、遗传算法及专家系统等。应用上述控制技术后可简化系统，提高响应灵敏性，提高抗干扰能力，在参数改变方面鲁棒性强，系统整体性能迅速提升。

3）整车控制技术

整车控制系统包括车辆控制器、通信系统、部件控制器和驾驶员控制系统，其主要功能是根据驾驶员的操作和当前驾驶条件，在保证安全和动力要求的前提下选择尽可能优化的工作模式。纯电动汽车控制系统属于双总线网络结构,双总线分别为车身系统低速总线与高速 CAN 总线。高速 CAN 总线中任意节点与子系统 ECU 相互对应,低速总线按照物理位置对各个节点进行设置,采用的原则为以空间位置为基础的区域自治。

使用网络控制车辆整体,不仅有利于处理车辆电子化出现的线束问题与布线问题,还意味着实现新型电子化和网络化的通信和资源共享。

4) 整车结构优化与节能措施

纯电动汽车是高科技综合产品。除了电池和电动机外,车身本身还包含许多高科技设备,而且一些节能措施比提高电池储能容量更容易实现。

采用轻质材料,如镁、铝、优质钢和复合材料来优化结构,可以将汽车质量减小 30%~50%;由高弹性材料制成的高压子午线轮胎可减小汽车 50% 的滚动阻力;车身,特别是车底采用流线型设计,与传统燃油汽车相比可以将汽车的空气阻力减小 50%。

4. 纯电动汽车的充电控制

1) 常规充电方式

常规充电方式采用恒压、恒流的传统充电方式对纯电动汽车进行充电。以相当低的充电电流为电池充电,电流大小约为 15 A,若以 120 A·h 的电池为例,充电时间要持续 8 个多小时。相应的充电器的工作和安装成本相对比较低。纯电动汽车家用充电设施(车载充电机)和小型充电站多采用这种充电方式。车载充电机是纯电动汽车的一种最基本的充电设备。车载充电机作为标准配置固定在车上或放在行李箱里。只需将车载充电器的插头插到停车场或家中的电源插座上即可进行充电,因此充电过程一般由用户独立完成。直接从低压照明电路取电,电功率较小,由 220 V/16 A 规格的标准电网电源供电。典型的充电时间为 8~10 h(SOC 达到 95% 以上)。这种充电方式对电网没有特殊要求,只要能够满足照明要求的供电质量就能够使用。在家中充电通常是在晚上或者用电低谷期,有利于电能的有效利用,因此电力部门一般会给予纯电动汽车用户一些优惠,例如在用电低谷期充电费用打折。

小型充电站是纯电动汽车重要的充电方法之一。充电装置安装在街道、超市、办公楼、停车场等处。采用常规电流充电。驾驶员只需将汽车停放在小型充电站的指定位置并连接电线即可开始充电。其交费方式是投币或刷卡,充电功率一般为 10 kW。小型充电站由三相四线 380 V 或单相 220 V 供电,其典型充电时间为补充电 2 h,充满 6 h(SOC 达到 95% 以上)。

2) 快速充电方式

快速充电方式是指在短时间内使电池达到或接近充满状态。该充电方式在 1~3C 的大充电电流下对电池充电,C 是可充电电池的容量。快速充电方式的充电功率非常大，可以达到数百千瓦，其充电方法是短时间内在 150~400 A 的高充电电流下对电池充电，它与常规充电方式相比安装成本相对较高。快速充电也可称为迅速充电或紧急充电，目的是在短时间内对纯电动汽车完全充电，并且充电时间应该接近燃油汽车的加油时间。大型充电站（机器）使用这种充电方式。

纯电动汽车充电设备主要包括大型充电站及其配套设施，如充电器、充电站监控系统、充电桩、配电室和安全防护设施。

大型充电站的快速充电模式主要用于长途旅行或需要快速补充电能的情况。充电功率通常大于 30 kW，并且由三相四线 380 V 供电。其典型充电时间为 10~30 min。这种类型的充电方式对电池的寿命有一定影响，特别是普通电池不能快速充电，因为在短时间内接受大量电力会导致电池过热。大型快速充电站的关键配套设施是非车载快速充电装置，可输出 35 kW 以上的功率。快速充电方式对电网的要求很高，通常应在 10 kW 变电站附近或监测站和服务中心使用。另外，快速充电方式需要更复杂的谐波抑制措施，安装成本与充电桩相比较高，仅适用于大型充电站。

3) 更换电池充电方式

目前，除了上述两种充电方式之外，当电池耗尽时，也可以用完全充电的电池替换耗尽的电池。电池由服务站或电池制造商拥有，并且纯电动汽车用户仅需要租用电池。纯电动汽车用户将汽车停放在特定区域，然后用电池更换机器取出耗尽的电池，并用完全充电的电池替换它。更换下来的不带电电池，可以在服务站进行充电，也可以在以后收集和充电。由于电池更换过程包括机械更换和电池充电，因此有时将其称为机械"加油"或机械充电。服务站具有小型充电站和大型充电站的优点，即电池可以通过低谷电充电，并且"加油"过程可以在短时间内完成。通过使用机械设备，整个电池更换过程可在 10 min 内完成，这大致相当于目前的燃油汽车加油时间。

但是，这种方式还有许多问题需要解决。首先，电池更换系统的初始购置成本很高，包括昂贵的机械装置和大量电池；其次，存储大量未充电和充电的电池需要很大的空间，因此，构建服务站所需的空间远大于建造小型充电站或大型充电站所需的空间；而且，在应用电池更换系统之前，需要建立电池物理尺寸和电气参数的统一标准，因此更换电池充电方式最终会随着电池能量密度的增加而消失。

4) 无线充电方式

无线充电方式包括 3 种类型：电磁感应型、磁场共振型和无线电波型。对纯电动汽车非接触充电方法的研究主要集中在感应充电方面，即无须接触即可实现充电。目前，日产公司和三菱公司都有相关产品，其使用电磁感应原理，将电力接收线圈装置安装在车辆底盘上，将另一个供电线圈装置安装在地面上，当纯电动汽车驶到供电线圈装置上时，电力接收线圈可以接收供电线圈的电流，电池得到充电。目前，这种充电方式的成本相对较高，仍处于实验室开发阶段，其功能还有待验证。此外，无线充电方式还包括磁场共振和无线电波等类型，这些技术由日本制造商垄断。

利用电磁感应型无线充电方式，纯电动汽车充电不再需要电源插座或充电线。电能通过埋在路面下方的充电板无线传输到纯电动汽车的电池，从而直接从路面充电。这项技术将大大缩短充电时间。以沃尔沃C30电动汽车为例，它进行电磁感应型无线充电，电池完全放电后，24 kW·h电池组充满电预计仅需要1 h 20 min。

接触式和感应式的MAC系统都可实施无线充电。对于接触式的MAC系统而言，需要在车体的底部安装一个接触拱，通过与嵌在路面上的充电元件接触，接触拱便可获得瞬时高电流。纯电动汽车以巡航通过MAC电池组的方式充电，其充电过程为脉冲充电。对于感应式的MAC系统，车载式接触拱由感应线圈所取代，嵌在路面上的充电元件由可产生强磁场的高电流绕组所取代。很明显，由于机械损耗和接触拱的安装位置等因素的影响，接触式的MAC系统对人们的吸引力不大。

电磁感应式非接触充电系统存在以下3方面的问题：① 送电距离比较短，如果两个线圈的横向偏差较大，传输效率就会明显下降。目前能实现传输距离为10 cm左右，而底盘到地面的距离明显与传输距离有着非常大的差距，因此这是一个很大的问题。② 需要考虑很多散热问题，比如线圈之间的发热。③ 需要考虑耦合的辐射问题，即电磁波的耦合是否会存在大的磁场泄漏。在线圈之间传输电力时，在外圈有一定的泄漏，人如何避免受到影响是个很大的问题。线圈之间也有可能有进入杂物，某些动物（猫、狗）也可能进入里面，一旦产生电涡流，就如同电磁炉一样，安全性问题非常明显。一般来说，电磁感应型无线充电方式最具现实性，并且现在在纯电动汽车上有实际应用。

磁场共振式电源面临的技术难点是如何减小体积，提高效率。磁场共振型无线充电方式现在是最受欢迎的，并且被认为是未来在纯电动汽车中广泛使用的最有希望的充电方式。

目前，通过对无线电传输方式的不断研究，人们提出了一种应用无线电技术的"太空太阳能发电技术"。若广泛使用该技术，则可以彻底解决电源上存在的问题。无线电源使纯电动汽车从出厂到报废无须充电成为可能。在太阳能电池技术、无线电力技术和自动驾驶技术的支持下，纯电动汽车完全有可能颠覆当前的交通概念。随着电动高速车的发展，无线充电技术必然具备广阔的应用空间。

总之，目前纯电动汽车的充电主要基于常规充电方式，快速充电方式为补充的充电方法。对于电动公交汽车，充电站位于公交总站，晚上下班后，在用电低谷期充电5~6 h。对于全天行驶的车辆，当行驶里程不足时，在中途休息时可补充充电。充电器的数量和容量基于车队的规模，充电站由车队管理。人们对1~3C快速充电模式已经在进行探索（应在保证电池安全和使用寿命的前提下）。

5.2.3 混合动力电动汽车的概念与分类

1. 混合动力电动汽车的概念

广义地说，混合动力电动汽车是能根据特定行驶要求，由两种或两种以上的能量源驱动汽车，在运行中至少有一种能量源直接驱动汽车，至少有一个能量源使用电能，如内燃机与蓄电池混合、蓄电池与燃料电池混合、蓄电池与超大容量电容器混合、蓄电池与超高速飞轮混合等。

狭义地说，混合动力电动汽车是配备两种类型动力源的车辆——热动力源（由传统汽油发动机或柴油发动机产生）和电源（电池和电动机）。通过在混合动力电动汽车上使用电动机，按照车辆运行状态灵活调控混合动力系统，让发动机一直处于性能最佳区域工作，从而减少燃料消耗和排放；也可认为混合动力电动汽车通常是指由电池提供电力驱动且安装了相对小的内燃机的车辆。

混合动力电动汽车与传统汽车的最大区别在于其动力系统，混合动力电动汽车通常至少拥有两个动力源和两个能量存储系统。尽管不能实现零排放，但其动力性、经济性及排放性能等能够在一定程度上缓解汽车发展与环境污染、能源危机的矛盾。

2. 混合动力电动汽车的分类

混合动力电动汽车有多种类型，在此重点介绍 3 种。

1）按照混合动力系统结构形式的不同进行分类

混合动力电动汽车在混合动力系统布置方式、组成部件及控制策略等方面存在差异，因此，其具有多种结构模式。混合动力电动汽车按混合动力系统的结构可分为 3 种类型，分别为串联式、并联式及混联式。

（1）串联式混合动力电动汽车由发动机实现驱动，利用发电机动力实现发电，并驱动车轮。其混合动力系统的组成部分主要包括发动机、电动机、发电机、HV 蓄电池和变压器等。小型输出功率发动机执行准稳态操作以驱动发电机，直接向电动机供应电力，或者在对 HV 蓄电池充电时驱动。由于内燃机串联向电动机提供电能，因此，这种动力系统被称为串联式混合动力系统。图 5.1 所示为串联式混合动力电动汽车的结构简图。

（2）并联式混合动力电动汽车由内燃机与发电机共同实现驱动，发动机向 HV 蓄电池提供电源，通过发动机与电动机驱动车轮。其混合动力系统的组成部分主要包括电动机、发电机、HV 蓄电池、变压器和变速器。HV 蓄电池的电力为混合动力系统中的电动机提供电能并驱动电动机，这种电动机可作为发电机，但在发电状态下无法驱动。这种混合动力系统采用平行方式传输电源，被称为并联式混合动力系统。图 5.2 所示为并联式混合动力电动汽车的结构简图。

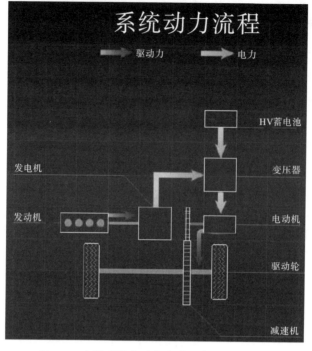

图 5.1 串联式混合动力电动汽车的结构简图

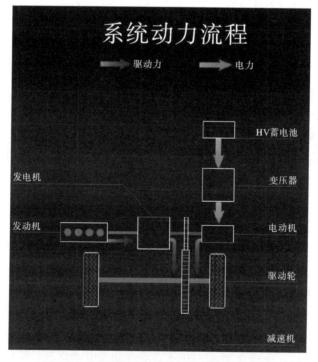

图 5.2 并联式混合动力电动汽车的结构简图

（3）混联式混合动力电动汽车通过发动机与电动机驱动车轮，在行驶过程中发电机还可以发电。

这种方式可以由电动机单独驱动车轮，也可以由发动机和电动机根据驱动条件驱动车轮。与此同时，混合动力系统中还安装有发电机，在行驶过程中，可以向 HV 蓄电池提供电源。动力系统的主要组成部分有发动机、电动机、发电机、HV 蓄电池、ECU 及动力分离装置等。动力分离装置将发动机动力分为直接驱动车轮与给电动机供电并为 HV 蓄电池充电两部分。图 5.3 所示为混联式混合动力汽车的结构简图。

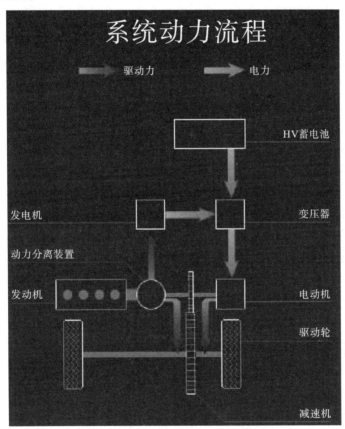

图 5.3 混联式混合动力电动汽车的结构简图

电动机在低速起动时表现优异，而发动机在高速起动时表现优异。通过合理地控制两者，动系统可以在所有条件下提供高效的驾驶体验。

2）按照能量搭配比例的不同进行分类

基于电动机在混合动力系统中输出功率在输出总功率所占比例（即混合度差异）可将混合动力电动汽车划分为 6 种类型。

（1）微混合型混合动力电动汽车，有时也称起-停混合型混合动力电动汽车。微混合型混合动力电动汽车是指以发动机为主要动力源，不具备纯电动行驶模式的混合动力电动汽车。一般情况下，微混合型混合动力电动汽车的混合度在5%以下。

（2）轻度混合型混合动力电动汽车。轻度混合型混合动力电动汽车采用了集成起动电机（Integrated Starter Generator，ISG）系统。其除了能够实现用发电机控制发动机的起动和停止，还能够实现：在减速和制动工况下，对部分能量进行吸收；在行驶过程中，发动机等速运转，发动机产生的能量可以在车轮的驱动需求和发电机的充电需求之间进行调节。其混合度一般为5%～15%。

（3）中度混合型混合动力电动汽车。中度混合型混合动力电动汽车以发动机作为主动力源，以电动机作为辅助动力，同样采用ISG系统。通过对比轻度混合型混合动力电动汽车，中度混合型混合动力电动汽车采用高压电动机，同时还配置其他功能。车辆在重载或者加速状态下，电动机作为车轮辅助驱动，弥补了发动机缺少动力输出的缺陷，使车辆整体性能得到提升。其混合程度通常为15%～40%。

中度混合型混合动力电动汽车的代表车型是本田思域混合动力电动汽车。

（4）全混合型混合动力电动汽车。全混合型混合动力电动汽车使用高功率、高压起动电动机，以实现更高程度的混合。其混合程度通常超过40%。

全混合型混合动力电动汽车的代表车型有丰田Prius。

（5）插电式混合动力电动汽车。通过对比传统混合动力电动汽车与插电式混合动力电动汽车，两者的差别主要表现在插电式混合动力电动汽车配备有电池充电装置，并且，当电池耗尽时，电池可以通过外部电源充电。另外，插电式混合动力电动汽车电池存储能量大于传统混合动力电动汽车，因此，其短途行驶主要以EV模式为主，长途行驶则兼用发动机，更好地利用混合动力的优点。

插电式混合动力电动汽车的代表车型是荣威550PLUG-IN。

（6）增程式混合动力电动汽车。其完全由电力供电。在起动或短距离行驶时，电池通过逆变器供电，电动机驱动车辆行驶；当电池耗尽或者电池电能不足时，车辆可以使用汽油或其他形式的能源。发动机驱动电动机继续为车辆的电力驱动系统提供动力。值得注意的是，增程式混合动力电动汽车与插电式混合动力电动汽车之间的区别在于其发动机很小且仅为发电机提供动力，并且不直接参与车辆行驶。

增程式混合动力电动汽车的代表车型是通用雪佛兰Volt。

3）按照可再充电能量存储系统的不同进行分类

按照可再充电能量存储系统的不同，混合动力电动汽车可分为动力电池式混合动力电动汽车、超级电容式混合动力电动汽车、动力电池与超级电容混合式混合动力电动汽车及机电式飞轮混合动力电动汽车等。

5.2.4 混合动力电动汽车的控制逻辑

为了实现最高水准的低油耗,混合动力电动汽车分别发挥电动机和发动机各自的特长来行驶。

(1) 车辆在低速行驶或者起动状态下,混合动力系统通过电动机提供动力进行驱动,因为此时发动机效率较低。

(2) 车辆在普通驾驶状态下发动机效率高。发动机生成的动力用于驱动车轮,同时还可以发电驱动电动机,向 HV 蓄电池充电。

(3) 车辆在制动或者减速状态下,混合动力系统驱动电动机在车轮旋转下发电,在 HV 蓄电池中存储收回的能量。

1) 起动时

图 5.4 所示为起动时的能量传递。起动车辆时,混合动力系统仅使用 HV 蓄电池的电能驱动车辆,此时发动机不工作,因为发动机无法在低转速下输出大扭矩,而电动机则可以高效起动车辆。

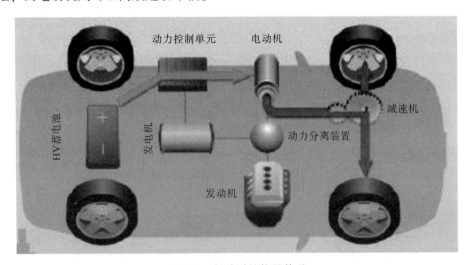

图 5.4 起动时的能量传递

2) 低速-中速时

图 5.5 所示为低速-中速时的能量传递。对于发动机而言,其低速-中速的工作效率也不高;而对电动机而言,其在低速-中速时有良好的性能优势,因此,在低速-中速时同起动时一样,车辆只使用 HV 蓄电池的电力驱动电动机。

3) 一般行驶时

图 5.6 所示为一般行驶时的能量传递。一般行驶时,以发动机作为主要动力

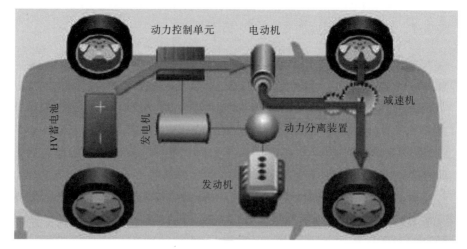

图 5.5　低速-中速时的能量传递

源。混合动力系统使发动机工作在其性能最好的转速区间，发动机产生的动力直接驱动车辆，一部分给发电机发电。由发电机产生的动力驱动电动机并辅助发动机工作，利用发动机和电动机双重传动系统，可有效减少发动机的能量损失。

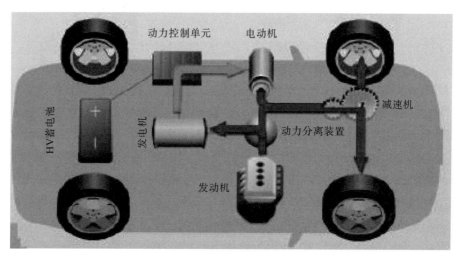

图 5.6　一般行驶时的能量传递

4）一般行驶/剩余能量充电时

图 5.7 所示为一般行驶/剩余能量充电时的能量传递。混合动力系统采用发动机实现高速驱动，运转时发动机会生成部分多余能量，由发电机将多余能量转换为电力并存储在 HV 蓄电池中。

5）全速行驶时

图 5.8 所示为全速行驶时的能量传递。双动力能源模式可增大车辆的加速

度，车辆在超车或者爬坡时需要强加速力，由 HV 蓄电池提供动力以增加电动机驱动力。采用电动机与发动机双重动力组合方式形成混合动力系统，实现了与一流发动机相同水平的强劲和平稳加速。

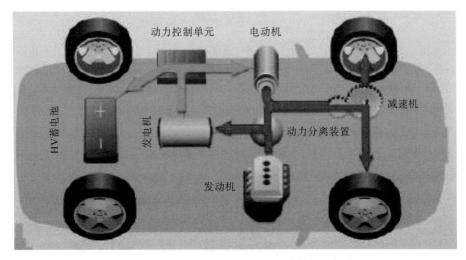

图 5.7　一般行驶/剩余能量充电时的能量传递

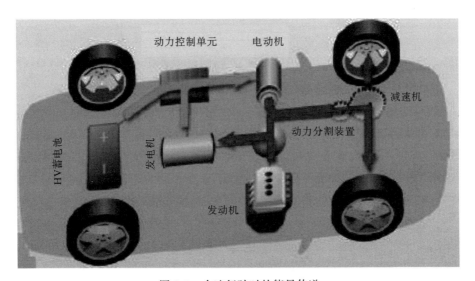

图 5.8　全速行驶时的能量传递

6）减速/能量再生时

图 5.9 所示为减速/能量再生时的能量传递。减速时的能量被回收到 HV 蓄电池中以便再利用。当施加制动松开加速踏板时，混合动力系统通过车轮旋转力带动电动机工作，将其作为发电机使用。车辆速度减小后，转换摩擦损失的热量为电能，在 HV 蓄电池中回收并存储。

7) 停车时

图 5.10 所示为停车时的能量传递。停车时车辆停止所有电力系统，电动机、发动机及发电机等全部停止运行，不会因怠速而浪费能量。

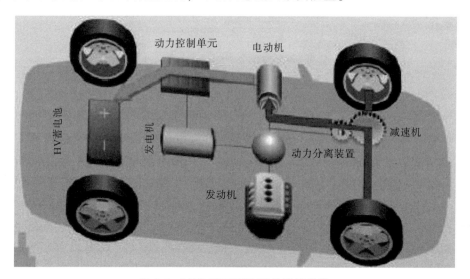

图 5.9　减速/能量再生时的能量传递

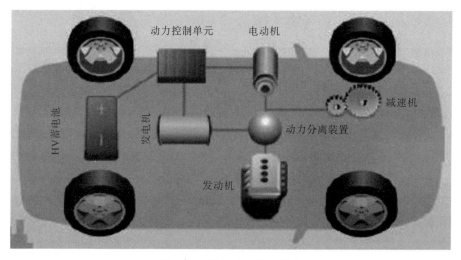

图 5.10　停车时的能量传递

5.2.5　燃料电池电动汽车

1. 燃料电池电动汽车的类型

燃料电池电动汽车发展时间较短，对比纯电动汽车，燃料电池电动汽车无须依赖蓄电池技术性能的完善；与内燃机汽车相比，燃料电池电动汽车具有环保、节能的优势，因此，燃料电池电动汽车已成为全世界新能源汽车开发的热点，不同结构的燃料电池电动汽车被不断地开发出来。

1）按有无蓄能装置分类

根据燃料电池电动汽车是否配备蓄能装置，可把燃料电池电动汽车分为两种类型，分别为纯燃料电池电动汽车与混合型燃料电池电动汽车。

（1）纯燃料电池电动汽车：燃料电池是燃料电池电动汽车的唯一电能来源。纯燃料电池电动汽车需要大功率的燃料电池并且无法回收汽车的制动能量，因此，目前纯燃料电池电动汽车的用户数量少之又少。

（2）混合型燃料电池电动汽车：这种电动汽车在安装燃料电池的同时还装有蓄能装置，蓄能装置包括超级电容、飞轮电池及蓄电池等。蓄能装置可协助供电，因此可降低燃料电池的功率，且蓄能装置还可用于制动时的能量回收，所以可提高车辆运行时能量的有效利用率。大部分燃料电池电动汽车为混合型燃料电池电动汽车。

2）按燃料电池与蓄电池的结构关系分类

根据混合型燃料电池电动汽车中燃料电池和蓄电池的电路结构，可将混合型燃料电池电动汽车分为串联式和并联式两种。

3）按提供燃料的不同分类

根据燃料电池所提供燃料的不同，燃料电池电动汽车又可分为直接燃料电池电动汽车和重整燃料电池电动汽车两大类。

直接以纯氢为燃料电池的电动汽车对储氢装置的要求较高。对比直接燃料电池电动汽车与重整燃料电池电动汽车，前者的优势在于质量较小、结构简单、能量效率高、成本低，因此，目前的燃料电池电动汽车采用重整技术的相对较少，大都以纯氢为车载氢源。

2. 燃料电池电动汽车的组成结构

对比普通燃油汽车与燃料电池电动汽车，两种汽车类型的内部设计与外部结构基本相同，差异表现在动力系统方面。电子控制系统、燃料电池系统、驱动电动机及辅助蓄能装置等共同组成燃料电池电动汽车的动力系统。

1）燃料电池系统

燃料电池电堆是燃料电池系统最关键的部分。除此之外，仍然需要配置其他系统，包括氧气供给系统、氢气供给系统、水循环系统等，以保证燃料电池电堆一直处于正常工作模式。

（1）氢气供给系统。氢气供给系统的功能包括储存、管理和回收氢气。由于氢气需要采用高压的方式储存，因此，储氢气瓶必须有较高的品质。储氢气瓶的容量决定了一次充氢的行驶里程。轿车一般采用2~4个高压储氢气瓶，大客车通常采用 5~10 个高压储氢气瓶来储存所需的氢气。

液态氢比氢气需要更高的压力进行储存，且要保持低温，因此，在使用液态氢时对储存装置的要求更高，且需要有较复杂的低温保温装置。

对于不同的储存氢气压力，需要采用相应的减压阀、调压阀、安全阀、压力表、流量表、热量交换器、传感器及管路等组成氢气供给系统。从燃料电池电堆排出的水中含有少量的氢，可通过氢气循环器将其回收。

（2）氧气供给系统。氧气供给系统有纯氧和空气两种供给方式。当以纯氧方式供给时，需要用空气氧气罐；获取空气内的氧气时，需要用空气压缩机来提高压力，以确保供氧量，增加燃料电池反应的速度。氧气供给系统（以空气方式供给时）除了需要有体积小、效率高的空气压缩机外，还需配备相应的空气阀、压力表、流量表及管路，并对空气进行加湿处理，以确保空气具有一定的湿度。

（3）水循环系统。在燃料电池反应过程中会产生水和热量，需要通过水循环系统中的凝缩器对其加以冷凝并进行气水分离处理，部分水可用于反应气体的加湿。水循环系统还可用于燃料电池的冷却，以使燃料电池的工作温度恒定。

2）辅助蓄能装置

混合型燃料电池电动汽车配置辅助蓄能装置，该装置通过选择超级电容、蓄电池或者飞轮电池等其中一种构成双电源混合动力系统，也可以选择蓄电池加飞轮电池或者超级电容加蓄电池等模式构成三电源混合动力系统。

辅助蓄能装置的作用有以下几个。

（1）混合型燃料电池电动汽车起动时，由辅助蓄能装置提供电能，带动燃料电池起动或带动车辆起步。

（2）在混合型燃料电池电动汽车运行过程中，当燃料电池输出电能大于车辆驱动所需的能量时，辅助蓄能装置的功能是保存燃料电池的残留电能。

（3）混合型燃料电池电动汽车爬坡或者加速运动时，辅助蓄能装置用于协助供电，以弥补燃料电池输出功率的不足，使电动机获得足够的电能，产生满足车辆加速和爬坡所需的电磁扭矩。

（4）向车辆的各种电子设备、电器提供工作所需的电能。

（5）在车辆制动时，将驱动电动机转换为发电机工作状态，将车辆的动能转换为电能，并向辅助蓄能装置充电，以实现车辆制动时的能量回收。

3）驱动电动机

驱动电动机可将电源电能转换为电磁扭矩，车辆在传动装置的驱动下处于行驶状态。燃料电池电动汽车与混合动力电动汽车、纯电动汽车相同，驱动电动机均使用交流异步电动机、直流有刷电动机、永磁无刷直流电动机、交流同步电动机及开关磁阻电动机等。

不同类型的电动机具有不同的性能特点。燃料电池电动汽车通常是结合整车的开发目标，综合考虑各种电动机的结构与性能特点，以及电动机的驱动控制方式及控制器结构特点等,选择适宜的驱动电动机。

4)电子控制系统

纯燃料电池电动汽车电子控制系统的控制功能主要有燃料电池系统控制、DC/DC 转换器控制、燃料电池系统控制、辅助蓄能装置能量管理、电动机驱动控制及整车协调控制等,由总线连接全部控制功能模块。

(1)燃料电池系统控制。燃料电池系统控制的主要是控制燃料电池的供给,同时,协调各个系统正常运行,其中氧化剂供给系统、循环系统及热管理系统等保证燃料电池可以持续向外供电。

(2)DC/DC 转换器控制。DC/DC 转换器用于改变燃料电池的直流电压,由电子控制器控制。电子控制器的作用是调节 DC/DC 转换器的输出电压,将燃料电池电堆较低的电压提高至电动机所需的电压。DC/DC 转换器的作用不仅是升压和稳压,在工作时通过实时调节 DC/DC 转换器,还可使其输出电压与蓄电池的电压匹配,协调燃料电池和蓄电池负荷,起到限制燃料电池最大输出电流和最大功率的作用,以避免燃料电池因过载而损坏。

(3)辅助蓄能装置能量管理。辅助蓄能装置能量管理系统直接监控蓄电池的充电状态、放电状态及存电状态等,使辅助蓄能装置能正常起作用,实现车辆在起动、加速、爬坡等工况下的协助供电,并在车辆运行时储存燃料电池的富余电能,实现车辆制动时的能量回馈。辅助蓄能装置能量管理系统通过对蓄电池电压、电流、温度等参数的监测,还可实现蓄电池的过充电、过放电控制,进行蓄电池荷电状态的估计与显示。

(4)电动机驱动控制。电动机的类型不同,其控制系统的电路结构和工作原理也有所不同。总体上,电动机驱动控制系统的主要控制功能有电动机的转速与扭矩调节、电动机工作模式控制(设有制动能量回馈的燃料电池电动汽车)及电动机过载保护控制等。

(5)整车协调控制。在控制策略的基础上,整车协调控制系统用于协调控制不同功能模块正常运行。一方面,根据加速踏板传感器、制动踏板传感器、挡位开关输入的电信号判断驾驶员的驾车意图,并输出控制信号,通过相关的控制功能模块实现车辆的行驶工况控制;另一方面,根据相关传感器和挡位开关输入的电信号,获取车速、电动机转速、是否制动、蓄电池和燃料电池的电压和电流等信息,判断车辆的实际行驶工况和动力系统的状况,并按设定的多电源控制策略输出相应的控制信号,通过相应的功能模块实现能量分配调节控制。此外,整车协调控制系统还包括整车故障自诊断功能。

3. 燃料电池电动汽车的性能与关键技术

燃料电池电动汽车的性能指标主要有续航里程、最大车速、最大爬坡度、最大扭矩、功率及最高功率等。这些性能指标除了与燃料电池的性能这一关键因素有关外，还与车载储氢技术、辅助蓄能装置、电动机及其控制技术、动力系统的构成与整车的布置、整车的控制技术等密切相关。

1）燃料电池电动汽车的主要性能

目前，燃料电池电动汽车的部分性能指标与普通燃油汽车相比仍较差。

2）燃料电池电动汽车的关键技术

（1）燃料电池技术。燃料电池电动汽车中最重要的一项技术是燃料电池技术。燃料电池电堆的净输出功率、耐久性及低温起动性等，对燃料电池电动汽车的后期发展与自身性能产生一定影响。研究燃料电池电动汽车的主要目的是减少投入燃料电池的费用，降低燃料电池材料成本。燃料电池材料指的是电解质膜、电催化剂及双电极等。在降低燃料电池材料成本的同时，目前，研究燃料电池电动汽车的最关键的部分是迅速提升燃料电池的性能。除此之外，燃料电池技术还面临诸多挑战与发展机遇，如打开与关闭系统时间、功能转换与系统能量管理、成本低性能高的辅助设备（空气压缩机、传感器和控制模块）及电堆水热管理模式等。

（2）车载储氢技术。目前，燃料电池电动汽车大都以纯氢为燃料，因此，车载储氢技术对燃料电池电动汽车的动力性及续航里程影响很大。常见的车载储氢装置有高压储氢气瓶、低温液氢瓶及金属氢化物储氢装置3种。除液态储氢方式外，目前的车载储氢装置的质量储氢密度和体积储氢密度均较低，而液态储氢需要很低的温度条件，其成本和能耗都很高。有效提高体积储氢密度和质量储氢密度，是车载储氢装置的研究重点。

车载储氢装置使用质量小、机械强度高的材料。减小车载储氢装置的质量和增大储氢压力，可增加车载储氢装置的体积储氢密度和质量储氢密度，这是通常的解决方案。另一种理想的解决方案是使用一种新的车载储氢模式，其中，储氢材料与高压氢储存相结合，即在高压储氢容器中为轻质氢储存材料充电。与纯高压储氢方式（>40 MPa）相比，该车载储氢装置可降低储氢压力（约为10 MPa），提高储氢能力。复合车载储氢装置的技术难点在于如何开发具有良好的吸氢和释氢性能、良好的成型工艺和质量小的储氢材料。

（3）辅助蓄能装置。辅助蓄能装置性能的高低、能量控制策略的优劣是衡量混合型燃料电池电动汽车经济性与电动性的主要依据，对混合型燃料电池电动汽车的影响较大，因此，研究与开发高性能的辅助蓄能装置，也是混合型燃料电池电动汽车发展所必需的。

市场上有3种类型的混合型燃料电池电动汽车辅助蓄能装置，即超级电容、蓄电池及飞轮电池。对于用于混合型燃料电池电动汽车的蓄电池来说，功率大、密度高、短时间大电流的充放电能力强尤为重要。目前，混合型燃料电池电动汽车采用镍氢电池的较多。锂离子电池由于具有比能量大、比功率高、自放电少、无记忆效应、循环特性好、可快速放电等特点，已被一些混合型燃料电池电动汽车用作辅助蓄能装置。相比于蓄电池，超级电容具有短时间内大电流充放性能好（可达蓄电池的 10 倍）、充放电效率高、循环寿命长等许多优点。作为唯一的辅助蓄能装或作为辅助蓄能装置之一，超级电容在混合型燃料电池电动汽车上的应用将会逐渐增多。

（4）电动机及其控制技术。驱动通过电动机产生驱动车轮旋转的电磁扭矩，其性能直接影响燃料电池电动汽车的经济性与动力性。通过对比工业电动机，燃料电池电动汽车的驱动电动机在其他方面提出更高要求，主要有运行效率、调速性能及最大功率等。当前市场上绝大部分燃料电池电动汽车采用交流异步电动机、永磁无刷直流电动机、开关磁阻电动机及交流同步电动机。更多科研人员投入电动机及其控制技术的研究中，目的是开发一款开发功率更高、效率更高、体积更小、质量更小的电动机，并与可靠性更高的电动机控制技术相结合，这也是当前燃料电池电动汽车发展阶段迫切需要解决的问题。

（5）动力系统管理策略与电子控制技术。整车动力系统的优化设计、能量管理策略、整车热管理及整车电子控制（动力控制、能量管理、热管理及制动能量回馈等自动协调控制）等对燃料电池电动汽车的动力性、经济性也有重大的影响，因此，整车动力系统参数的选择与优化设计、多动力源的能量管理策略与优化控制、整车热管理的优化控制、整车各控制系统的协调控制等均是燃料电池电动汽车发展必须面对的关键课题。

参考文献

[1] 张彦会,伍松. 现代汽车电子控制技术 [M]. 北京:中国水利水电出版社,2013.

[2] 曹红兵. 现代汽车电子控制技术 [M]. 北京:机械工业出版社,2012.

[3] 杨保成. 汽车电器与电子控制技术 [M]. 北京:清华大学出版社,2016.

[4] 彭忆强. 汽车电子及控制技术基础 [M]. 北京:机械工业出版社,2014.

[5] 敬东. 汽车电子控制技术 [M]. 成都:西南交通大学出版社,2016.

[6] 毛叔平. 汽车总线控制模块的检修 [M]. 上海:复旦大学出版社,2014.

[7] 宋强,等. 电动汽车电机系统原理与测试技术 [M]. 北京:机械工业出版社,2016.

[8] 文少波,赵振东. 新能源汽车及其智能化技术 [M]. 南京:东南大学出版社,2017.

[9] 陈丁跃. 现代汽车控制及其智能化 [M]. 西安:西安交通大学出版社,2011.

[10] 何洪文,熊瑞,等. 电动汽车原理与构造 [M]. 2版. 北京:机械工业出版社,2018.

[11] 王刚. 新能源汽车 [M]. 北京:清华大学出版社,2015.

[12] 臧杰. 新能源汽车 [M]. 北京:机械工业出版社,2013.

[13] 马德粮. 新能源汽车技术 [M]. 北京:清华大学出版社,2017.

[14] 陈美多,彭新. 新能源汽车技术 [M]. 成都:西南交通大学出版社,2017.

[15] 王晶,李波. 新能源汽车技术 [M]. 上海:上海交通大学出版社,2017.

[16] 孙旭. 新能源汽车技术概论 [M]. 北京:国防工业出版社,2017.

[17] 缑庆伟,李卓. 新能源汽车原理与检修 [M]. 北京:机械工业出版社,2017.

[18] 樊继东,杨正才,吕科. 汽车电子控制技术 [M]. 西安:西安交通大学出版社,2015.

[19] 段敏. 电动汽车技术 [M]. 北京:北京理工大学出版社,2015.

[20] 邹国棠. 电动汽车电机及驱动 [M]. 北京:机械工业出版社,2018.

[21] 姜久春. 电动汽车概论 [M]. 北京:北京交通大学出版社,2017.

[22] 冯代伟. 串联型液压混合动力汽车的能量管理策略研究 [D]. 成都:电子科技大学,2012.

[23] 陈信强,沙文瀚,蔡文博,等. 电动汽车控制技术发展趋势研究 [J]. 内燃机与配件,2018(12):204-206.

[24] 胡悦. 混合动力电动汽车控制系统设计与能量管理策略研究 [D]. 深圳:中国科学院大学(中国科学院深圳先进技术研究院),2018.

[25] 刘含含，王春燕，陈国强，等．多功能汽车控制系统的研制［J］．现代经济信息，2017（19）：363．

[26] 周雯雯．插电式混合动力汽车控制策略研究［D］．镇江：江苏大学，2017．

[27] 李婷婷．并联混合动力汽车模糊控制策略的优化［D］．沈阳：沈阳工业大学，2017．

[28] 郑传现．浅析汽车工程中智能自动化的应用［J］．黑河学院学报，2017，8（3）：34-35．

[29] 靳彪．轮毂电机驱动电动汽车状态参数观测及转矩分配策略研究［D］．北京：北京交通大学，2016．

[30] 贾晓峰．电动汽车底盘多目标集成控制研究［D］．长春：吉林大学，2016．

[31] 王国晖．电动汽车空调多温区控制系统设计［D］．成都：西南交通大学，2016．

[32] 龙志军．智能汽车及智能汽车控制系统的研究［J］．当代农机，2015（12）：67-69．

[33] 孟祥东．基于CVT混合动力汽车控制策略及性能研究［D］．长春：吉林建筑大学，2015．

[34] 李俊伟．增程式电动汽车动力系统参数匹配及基于遗传算法的传动比优化研究［D］．太原：中北大学，2014．

[35] 吴巍．基于GPS的混合动力汽车控制策略研究［D］．长沙：湖南大学，2014．

[36] 许进．轮毂电机驱动型纯电动汽车控制系统研究［D］．杭州：杭州电子科技大学，2014．

[37] 陈虹，宫洵，胡云峰，等．汽车控制的研究现状与展望［J］．自动化学报，2013，39（4）：322-346．

[38] 杨庆保．纯电动汽车整车控制器研究［D］．北京：北京交通大学，2012．

[39] 付俊．混合动力汽车控制策略及其仿真系统的研究［D］．哈尔滨：哈尔滨工业大学，2012．

[40] 何成立．并联式混合动力公交车及其冷却系统性能仿真研究［D］．济南：山东大学，2012．

[41] 付永恒．基于路况信息的混合动力汽车控制策略研究［D］．北京：北京交通大学，2011．

[42] 周雪虎．全轮驱动混合动力汽车开发与控制策略研究［D］．长春：吉林大学，2009．

[43] 明绍民．并联混合动力汽车模糊逻辑控制策略的研究［D］．长春：吉林大学，2007．